WESTEND

ARNO GAHRMANN

WIR ARBEITEN UND NICHT DAS GELD

Wie wir unsere Wirtschaft wieder lebenswert machen

WESTEND

Mehr über unsere Autoren und Bücher:
www.westendverlag.de

Die Deutsche Nationalbibliothek verzeichnet diese Publikation in
der Deutschen Nationalbibliografie; detaillierte bibliografische Daten
sind im Internet über http://dnb.d-nb.de abrufbar.

MIX
Papier aus verantwor-
tungsvollen Quellen
FSC® C083411

ISBN 978-3-86489-038-3
© Westend Verlag GmbH, Frankfurt/Main 2013
Satz: Publikations Atelier, Dreieich
Illustrationen: Sandra Li Mannel Saavedra
Druck und Bindung: CPI – Clausen & Bosse, Leck
Printed in Germany

»Ich gehe in Gedanken Räume und Zeiten entlang, die Flüsse von China in ihrer glatten Stille, ... die Verstecke im Busch und die Kette der Vorfahren in den afrikanischen Ländern, ... die feinziselierten Details der indischen Mythologie mit ihrem grünen Marmor und ihren turnerischen Kopulationen, ... die kurzgefaßten Sprichwörter Madagaskars und der Archipele im Indischen Ozean, ... aber nirgendwo ... treffe ich auf das glühende Stigma dieses unbeugsamen Willens, der zur Universalität führt.

Als einzige unter den Zivilisationen hat die westliche die Neigung zur allgemeinen Ausweitung, zur Eroberung, zum Wissen und zum Glauben gekannt, die voneinander nicht zu trennen sind.«

Édouard Glissant, *Traktat über die Welt*

Inhalt

Vorwort

Alle spüren es – seitdem sich der Markt über die nationalen Grenzen erhob und global agiert, gelten nur noch seine Regeln. *Die der reinen Marktwirtschaft innewohnende Logik* ist einfach und unerbittlich: möglichst billig produzieren und möglichst alles wegschieben, was diesem Ziel im Weg steht. Das gilt für die Höhe der Löhne, den sozialen Schutz, Festanstellungen und Umweltauflagen aller Art.

Der Frühkapitalismus des 19. Jahrhunderts endete deshalb nicht in einer Revolution, weil eben diese Schutzvorschriften von den Nationalstaaten eingeführt wurden. Mit der *sozialen Marktwirtschaft* eines Ludwig Erhard übernahm das aus Ruinen erstandene Westdeutschland die Idee des sozial gebändigten Marktes quasi als Staatsdoktrin. Der Erfolg war durchschlagend; damit gelang ein deutsches Wirtschaftswunder.

Die soziale Marktwirtschaft funktionierte, so lange sich die Unternehmen im national gesetzten Rechtsrahmen bewegten. Mit dem *Ende des Ost-West-Gegensatzes* 1990 schwoll die Verlagerung von Betriebsstätten in Billiglohnländer zu einem mächtigen Strom an, der sich über die ganze Erde ergoss. Der globalisierte Kapitalismus strebt seither mit vielen Unternehmenszusammenschlüssen der Oligopolbildung zu und engt so den Wettbewerb als zentrale Voraussetzung einer funktionierenden Marktwirtschaft immer mehr ein. Gleichzeitig unterwarf das ökonomische Denken alle Lebensbereiche. Zinsgetriebenes Wachstum wurde zum dominanten Gesellschaftsmodell. Kapitalerträge rangierten vor dem Erhalt der Arbeitsplätze. Man hatte ja auch den Kommunismus als konkurrierendes System offenkundig besiegt. Wer wagte da noch, von einem anderen Weg zu reden? Arno Gahrmann und Henning Osmers taten es 2004 mit dem Buch *Zukunft kann man nicht kaufen.* Damit legten sie die Systemwidersprüche eines Marktes ohne Regeln offen. Doch wie dem begegnen? Auf weltweit geltende Regeln einer globalen Regierung warten?

Gahrmann setzt auf einen anderen Weg. *Kritische Kunden* sollten Materialeinsatz und Arbeitsbedingungen überall hinterfragen und so die globalisierten Konzerne an ihrer verwundbarsten Stelle treffen, nämlich dem Verkauf ihrer Produkte. Tatsächlich öffnete jedoch erst die spekulative Bankenkrise 2008 ausreichend vielen Menschen die Augen. Wer hätte gedacht, dass der Druck engagierter Bürger binnen fünf Jahren zur Einführung einer Finanztransaktionssteuer führen würde? Ein solcher Erfolg ist auch bei der Regulierung der Realwirtschaft denkbar. Viele Menschen wollen heute wissen, ob ein Produkt unter fairen Arbeitsbedingungen und umweltverträglich hergestellt wurde. Die Graswurzelbewegungen können dank des Internets Wirtschaftsgiganten zum Umdenken zwingen. Das Rüstzeug dafür liefert Arno Gahrmann mit diesem Buch. Es wird helfen, dem Menschlichen in der Ökonomie wieder Raum zu geben.

Josef Göppel,
Bundestagsabgeordneter

Einleitung: Wir müssen den Gürtel enger schnallen

»Das Bier kommt mit dem Pferdewagen – so kennen es die Bremer und so erleben es die Touristen. Der Zweispänner mit den Fässern hinten drauf ist auf dem Marktplatz ein beliebtes Fotomotiv. Doch nun scheint diese uralte Tradition in Gefahr. Beck & Co. hat gestern Überlegungen bestätigt, den Pferdebetrieb aufzugeben. Erst kürzlich war bekannt geworden, dass sich die Brauerei aus der Finanzierung der [Bark] ›Alexander von Humboldt‹ zurückzieht. ›Wir müssen den Gürtel enger schnallen‹, hatte der Beck & Co.-Sprecher die Streichung der Fördergelder begründet. Der belgische Mutterkonzern Interbrew, der die Bremer Brauerei vor drei Jahren gekauft hatte, habe eine Überprüfung sämtlicher Ausgaben angeordnet.«

Weser-Kurier vom 12. Februar 2005

Vor gut zehn Jahren kaufte der globale Bierkonzern Interbrew, heute Anheuser-Busch InBev, das seinerzeitige Familienunternehmen Beck & Co. für 1,8 Milliarden Euro, das Doppelte seines Jahresumsatzes und das Siebenfache seines Eigenkapitals. Für die Gesellschafter muss der Verkauf wie ein Lottogewinn gewesen sein, konnten sie doch das Geld aus ihrem Erlös nunmehr mit einem wesentlich höheren Zins- und Renditeertrag arbeiten lassen, als sie vorher aus ihrem Unternehmensbesitz erzielten. Aber weshalb mussten dann die Stakeholder[1] von Beck & Co., nämlich die vier- und die zweibeinigen Mitarbeiterinnen und Mitarbeiter, Bremen und seine Touristen sowie die Jugendlichen, die unter den grünen Segeln der von der Brauerei zu Werbezwecken gecharterten Dreimastbark *Alexander von Humboldt* Teamfähigkeit und soziale Kompetenz trainierten, die Gürtel enger schnallen? Die Antwort erhellt schlicht daraus, dass nicht nur der Verkäufer, sondern auch der Käufer aus seinem Kapitaleinsatz einen Ertrag erwartet. Setzt man die bei global tätigen Konzernen üblicherweise geforderte Kapitalverzinsung von 10 bis 15 Prozent an, bedeutet dies, dass Beck & Co. einen Gewinn von mindestens 200 Millionen Euro jährlich stemmen muss. Dies ist aber das Doppelte dessen, was dem Unternehmen vorher abverlangt wurde. Und deshalb muss Beck & Co. an allen Ecken und Enden Kosten einsparen, werden Arbeitsplätze verdichtet, abgebaut und in Subunternehmen und Billiglohnländer verlagert. Nicht auszuschließen ist ferner, dass konzerninterne Leistungen so zwischen den globalen Betriebsstätten verrechnet werden, dass an den »teuren« deutschen Standorten nur minimale Steuern anfallen. Verschärft hat sich der konzerninterne Einsparungsdruck zudem nach dem Erwerb der größten amerikanischen Braugruppe Anheuser-Busch – hierfür mussten und konnten 50 Milliarden Dollar aufgebracht werden.

So erweist sich, dass der finanzielle Segen, der sich über die bisherigen Gesellschafter von Beck & Co. ergoss, weder von einer »unsichtbaren Hand« spendiert noch vom Geld erarbeitet wurde, sondern von allen Stakeholdern des Unternehmens bezahlt werden muss, nur nicht von dessen früheren und jetzigen Kapitalbesitzern. Was hier an einem Einzelfall deutlich wird, nämlich dass »wir« den Gürtel enger schnallen müssen, damit andere ihn für ihr unersättliches Reichtumsstreben öffnen können, dass die Ökonomie ganz anders läuft als gemeinhin gedacht und gesagt – das wird das eine Hauptthema des Buches sein. Das andere wird die Frage sein, auf welchen Wegen wir von der Ökonomie zu einem menschlichen Wirtschaften gelangen können.

Das Unbehagen an der Ökonomie

Finanzkrise, Bankenkrise, Schuldenkrise, Eurokrise – und mittlerweile nun auch eine Wirtschaftskrise. Über 65 Jahre Frieden, keine dramatischen Naturkatastrophen, kein Bürgerkrieg und kein politisches Chaos in Mitteleuropa, sondern Fleiß und Geschick von uns Bürgern in Betrieb und Familie. Weshalb sollen wir plötzlich »über unsere Verhältnisse gelebt« haben, wenn Deutschland doch seit Jahrzehnten mehr exportiert als importiert? Wo sind sie geblieben, die Früchte der ständigen Rationalisierungen, der intensivierten Arbeit, der Lohnzurückhaltungen, wohin sind sie verschwunden? Sind sie alle mit den Banken- und Staatenrettungen verlustig gegangen oder auf den ominösen Finanzmärkten verfault und zertreten worden? Weshalb wird in strukturell vergleichbaren Ländern wie Finnland und Dänemark in allen Berufen ein auskömmlicher Lohn bezahlt, ohne dass deren Wirtschaft zusammenbräche, wie hier von Gegnern des Mindestlohns behauptet? Wie kann die private (Riester-)Vorsorge, die als Ergänzung zu einer absehbar schmaleren Rente propagiert wird, verlässlich sein, wenn ihre Mittel in eben dieser unsicheren Ökonomie verwendet werden?

Solche und viele andere Fragen, obwohl sie unser Leben unmittelbar betreffen, werden in der öffentlichen Diskussion erst gar nicht gestellt oder allenfalls ausweichend und nicht überzeugend behandelt. Und schon gar nicht gefragt wird, was diesem Buch seinen Titel gab: Weshalb erhalten die einen für schwere Arbeit einen Hungerlohn und scheffeln andere Millionen, indem sie bar jeglicher Mühen »ihr Geld arbeiten« lassen? So verbleibt ein weit verbreitetes Unbehagen an der Ökonomie; sie wirkt undurchschaubar, unberechenbar und willkürlich wie eine griechische Gottheit.

Noch vor wenigen Jahrzehnten wären uns solche Fragen nicht in den Sinn gekommen. Die Ökonomie bescherte (West-)

Deutschland erst einen nicht für möglich gehaltenen Wiederaufbau und dann eine generationenlange Phase mäßig, aber stetig wachsenden Wohlstands sowie sicheren Lebens und Arbeitens. Die große Mehrheit der Bevölkerung war damals mit dem Erreichten vollauf zufrieden und wünschte sich vermutlich nichts anderes als eine unveränderte Fortsetzung dieser Wirtschaft. Wie aus heiterem Himmel kam dann die »Globalisierung« über uns, von niemandem verlangt, doch von Wissenschaft und Politik als Nonplusultra eines ökonomischen Paradieses mit unendlicher Güterauswahl und niedrigsten Preisen angepriesen. Erleben tun wir sie hingegen mehr als Würgegriff von Lohn- und Kostendruck, Gefährdung des Arbeitsplatzes und permanenten Kampf um Kunden und gegen Konkurrenten denn als Befriedigung durch billige und immer neue Produkte. Und wie die Finanzkrisen zeigen, scheinen selbst die Politiker, Wirtschafts- und Finanzexperten das Geschehen nicht mehr in den Griff zu bekommen. Als letzte Verzweiflungstat mutet an, wie schwindelerregende Eurosummen aus dem Nichts gestampft und hin- und hergeschoben werden, die das normale Wirtschaftsleben nur noch als eine marginale Größe erscheinen lassen.

»Was ist da schief gelaufen?«, fragt man sich seitdem. Was ist schief gelaufen, dass die einst so geschätzte Wirtschaft zu einem globalen Monster entarten konnte, gegen das Goethes Zauberbesen nur ein niedlicher Troll ist? Dazu müssen wir uns vorrangig fragen, was wir eigentlich unter »Wirtschaft« verstehen und von ihr erwarten, und was die »Ökonomie«, wie sie heute herrscht, tatsächlich bezweckt. Wir werden dann erkennen, dass wir aus vielfältigen Gründen »wirtschaften« wollen, dass das ökonomische System hingegen nur auf das einzige Ziel der Reichtumsmehrung angelegt ist und die Wirtschaft lediglich als ein untergeordnetes Hilfsmittel nutzt. Doch Menschen – ob Unternehmerinnen und Unternehmer und ihre engagierten Mitarbeiter, Selbständige und Hausmänner – wollen nicht in erster Linie maximale Gewinne und maximale Ersparnis um den Preis ständigen, zermürbenden Kampfes, nerviger Suche und wachsender Unsicherheit, sondern sie wollen schlicht »wirtschaften«. Dies ist ein ureiges menschliches *Tun*, um eigene Wünsche und die von Mitmenschen zu erfüllen und um die materielle Existenz jetzt und für die Zukunft zu sichern. Dass also Ökonomie und Wirtschaft nicht identisch sind und ihre Interessen sich teils decken, teils aber auch auseinander liegen und sich stoßen können, erklärt dann viele der Fragen und Widersprüche, die uns beschäftigen. Da ist aktuell das Finanz-, Geld- und Schuldenchaos, das Fragen nach dem Wesen des Geldes und seiner Bedeutung für die Wirtschaft aufwirft. Und darüber schwebt die Frage nach Reichtum und Vermögen, der Zielgröße des mittlerweile weltumspannenden ökonomischen Systems.

Der Markt lenkt und das Geld arbeitet?

Folgt man der Informationskampagne der Initiative Neue Soziale Marktwirtschaft (INSM) und ihren Protagonisten aus den unterschiedlichsten Parteien und Bereichen, ist der Markt staatlichen Eingriffen und Regelungen in der Wirtschaft allemal überlegen. Zur Begründung braucht nur auf das Fiasko der sozialistischen Planwirtschaft einerseits und auf die Jahrzehnte des Wirtschaftswunders andererseits hingewiesen zu werden. Doch weshalb bewahrt uns dieser überlegene, intelligente Markt nicht vor einem Leerfischen der Meere oder vor einem Aufbrauchen der Ölvorräte? Und welche Finanzmarktintelligenz mag es sein, die die Finanzwelt in eine Achterbahn stürzte und damit die Wirtschaft an den Rand des Abgrunds?

»Lassen Sie das Geld für sich arbeiten« ist ein bekannter Werbespruch, den man zu gerne liest und weniger gerne hinterfragt. Denn natürlich weiß jeder, dass papierenes oder virtuelles Geld nicht die Werte schafft, aus denen die Guthabenzinsen gezahlt werden, sondern dass es die Menschen im Zusammenwirken mit Anlagen, dem Kapital, und unter Nutzung der Natur sind. Und wer hinterfragt schon weiter, ob der Zinsanspruch überhaupt berechtigt ist? Das Interesse an diesem Thema würde freilich immens steigen, wüsste man, dass man zu den rund 80 Prozent der Bevölkerung zählt, die unter dem Strich mehr an das Kapital zahlen, als sie an Zinsen und Gewinnanteilen erhalten. Auch weil es eben dieser Zinsanspruch ist, der zukunftssichernde Investitionen gegenüber aktuellen Renditeschnäppchen schnell »kaputt rechnet«, werden wir dieses Kernelement des ökonomischen Denkens untersuchen müssen.

Auf schnellstem Weg – aus dem Leben

Ebenso wie Zinsen und Gewinne sind Kostensenkungen und Effizienzsteigerungen selbstverständliche Elemente des modernen Lebens, gegen die anzuargumentieren einfach lächerlich erschiene. Tatsächlich ist das Prinzip der Effizienz tief im Menschen angelegt als ein Mittel zum Überleben, weshalb wir uns diesen scheinbaren Sachzwängen häufig klagend, aber letztlich widerspruchslos unterwerfen.

Doch geht es der Ökonomie wirklich ums Überleben? Dann dürfte es den tagtäglich erlebbaren Gegensatz zwischen Ökologie und Ökonomie gar nicht erst geben. Umgekehrt wird ein Schuh draus: Ökonomisch bedingte Effizienzsteigerungen mögen im Einzelfall wie beim Energiesparen auch den Menschen und der Natur dienen, oft hingegen erfolgen sie genau zu ihren Lasten. Intensivierte und rationalisierte Abläufe kosten Nerven oder gar den Arbeitsplatz, schnellere Verkehrsverbindungen zerschneiden Naturflächen, und betriebliche Flexibilität kostet verlässliche Frei- und Ruhezeit. Mit anderen Worten: Ökonomische Erfolge kosten häufig wertvolles Leben und sind mit ihrem Raubbau an Mensch, Natur und Gesellschaft nichts als Doping. Ist die Ökonomie in der Lage, lebensschützende und lebensschädliche Effizienz zu trennen?

Das Bild symbolisiert den Unterschied zwischen der Ökonomie und dem vielfältigen Wirtschaften: Kurven, diese scheinbare Verschwendung gegenüber einer Geraden, sind genau das, was aus schierer ökonomischer Produktion und Konsumption, die letztlich keines Menschen bedarf, das erlebnisreiche Wirtschaften macht.

Der Sinn der Ökonomie – schlichte Zahlen?

Nach diesen grundlegenden Fragen sollten wir nicht mehr verschämt und ehrfürchtig einer uns unverständlichen Ökonomie gegenüberstehen, sondern sie behandeln, wie es schon der Ökonom und Schöpfer des deutschen Eisenbahnnetzes Friedrich List vor 170 Jahren tat: als nichts denn ein lineares Verfahren zur Ermittlung und Steigerung von Vermögen. Aspekte eines Menschen dienenden, Natur bewahrenden und Gesellschaft befördernden Wirtschaftens will und kann dieses Schema jedoch ebenso wenig erfassen wie das Einmaleins oder wie die aus dem Roman *Per Anhalter durch die Galaxis* bekannte Antwort 42 auf den Sinn des Lebens. Nur seit der Ökonomie der Anspruch auf selig machendes Handeln übergestülpt wurde, entstanden die Widersprüche aus den Erwartungen an sie und ihrer tatsächlichen Resultate: Nicht wir sind zu dumm, die Ökonomie zu verstehen, sondern umgekehrt versteht das simple ökonomische System nicht das komplexe verwobene Wesen des Wirtschaftens. In Aufbauzeiten wie nach dem Krieg oder in den Schwellenländern, wenn die Wirtschaft überhaupt erst das Laufen (wieder) lernen muss, ist diese Konzentration auf ein einziges Ziel durchaus angebracht. In wirtschaftlich reifen Gesellschaften aber presst und reduziert die Ökonomie die reiche Fülle des Lebens so zusammen, bis es mit ihren simplen Regeln kompatibel und zu einem»marktkonformen« Kubus deformiert wird.

Lassen die vorgeblichen ökonomischen Sachzwänge uns überhaupt noch einen Gestaltungsspielraum oder sind wir nur noch ein Werkzeug der Ökonomie?

Yes, we can

Welche Wege stehen uns persönlich, den einzelnen Betrieben und politischen Einheiten zur Verfügung, um das herrschende ökonomische System wieder in den Dienst der Menschen zu stellen und es in Einklang mit der letztlich unerbittlichen Natur zu bringen? In Europa und besonders in Deutschland haben wir unverändert die besten Voraussetzungen dazu, die Wirtschaft wieder lebenswert zu machen. Nach mehr als 65 Jahren inneren und äußeren Friedens und ungeheuren technischen Fortschritts verfügen wir über eine ausgezeichnete ideelle und gute materielle Infrastruktur, einen hohen Standard in Produktion und Ausbildung, engagierte Unternehmerinnen und Mitarbeiter und nicht zuletzt immer noch über sozialen Frieden und Zusammenhalt. Darüber hinaus ist entgegen der schon hysterischen Schuldendebatte Deutschland alles andere als verschuldet, sondern einer der größten Nettogläubiger der Welt.

Bionik ist ein moderner Zweig der Forschung, der natürliche Vorgänge für die Natur- und Ingenieurwissenschaften nutzen und auf sie übertragen will. Das Buch soll aufzeigen, dass auch die Ökonomie eines solchen Know-how-Transfers bedarf, der sie in eine »blühende Landschaft« des Wirtschaftens verwandeln könnte, die Freude macht statt Angst zu verbreiten, wo Wettbewerb erfrischt und belebt statt zu töten. Wir müssen herausfinden, wie wir die Ökonomie für dieses Ziel ändern, zurückfahren, aber auch nutzen können. Im Mittelpunkt steht eine Stärkung der Region. Daran kann jeder Bürger und jede Kommunalpolitikerin mitwirken, und sie lässt sich ohne Warten auf eine »große« Lösung, wie gut oder schrecklich sie auch sein mag, aus eigener Kraft erreichen. Anders als die auf maximale Rendite und maximale Effizienz getrimmte Exportindustrie erfüllt eine regionale Wirtschaft unmittelbar die tatsächlichen Bedürfnisse der Menschen nach sinnvoller und verbindender Arbeit, guten Produkten und Erhalt ihrer Umwelt. Gleichzeitig bildete sie eine Sicherung gegen die von uns auf absehbare Zeit nicht beeinflussbare globale Ökonomie.

Im Endeffekt sollten Sie, geschätzte Leserin und geschätzter Leser, mit dem Buch nicht nur Ihr Unbehagen an einer überbordenden, weder sich selbst regulierenden noch von den Menschen regulierbaren Ökonomie sachlich bestätigt finden, sondern auch die Gewissheit erhalten, dass ein »Zurückfahren« der ökonomischen Ansprüche sowohl einem menschengemäßen Wirtschaften und Arbeiten als auch letztlich der Existenz- und Vermögenssicherung dient. Dazu muss keine Revolution angezettelt werden, die keinem hülfe. Es bedarf nur eines evolutionären Umsteuerns in Form moderater politischer, regionaler Aktivitäten und kleiner privater Maßnahmen, zu denen auch Sie beitragen können.

1 Ökonomie oder Wirtschaften?

Bremer Lesern wird die Sage von den »Sieben Faulen« geläufig sein. Sieben Brüder zeichneten sich durch allerlei Ideen und Leistungen aus, mit denen sie sich ständig das Leben leichter (»fauler«) und ertragreicher machten, zum Beispiel durch Trockenlegen feuchter Wiesen, Ziehen von Zäunen gegen Wildfraß oder »in ihren alten Tagen« (!) den Bau eines Brunnens.

Wesen oder Un-Wesen? Die Ökonomie

Im wörtlichen und ursprünglichen Sinne steht das altgriechische »oikonomie« für eine gute Hausführung; und noch bis ins 19. Jahrhundert hinein war der »Ökonom« der Vertreter des Gutsherrn, der das Anwesen umsichtig und erfolgreich zu führen hatte. Erst dann übertrug sich dieser Begriff allmählich vom einzelnen Betrieb auf die Wirtschaft eines ganzen Staates, auf die Nationalökonomie. Als Maßstab für deren Leistungsfähigkeit zählt dabei die Menge der von den Unternehmen geschaffenen Güter und Leistungen (zum Beispiel das BIP = Bruttoinlandsprodukt). Diese werden dann entweder von den privaten oder öffentlichen Haushalten konsumiert oder dienen den Unternehmen zur Ausweitung und/oder Verbesserung ihrer Kapazitäten (Investitionen).

Kennzeichnend für die heutige Ökonomie ist die einheitliche Verfassung aller in ihr dominierenden Unternehmen wie AGs und GmbHs und deren Zielsetzung: Sie definieren sich als Gesellschaften von Eigentümern, die mittels eigener (Geld-)Mittel und Kredite, dem *Kapital*, in Sachvermögen investieren und erwarten, dass ihr Reinvermögen, das sogenannte Eigenkapital, einen Zuwachs (Gewinn) erfährt. Damit das eintritt, müssen augenscheinlich die Erträge höher als die Aufwendungen sein, andernfalls würde das Reinvermögen sinken. In früheren Zeiten gab es selbstverständlich auch schon ein Reichtumsstreben, wovon schon die griechische Sage des Königs Midas erzählt, dem alles, dummerweise auch sein Essen, zu Gold wurde, doch bezog es sich wie selbstverständlich auf das eigene Besitztum, sei es Handel, Gewerbe oder ein Landgut. *Die moderne Ökonomie hingegen löst sich vom einzelnen Unternehmen ab; es ist nur noch ein Mittel zum Zweck der Kapitalmehrung* und wird beliebig fallen gelassen, wenn anderwärts höhere Renditen erzielt werden können. Den modernen Kapitalisten geht es nämlich nicht um den dauerhaften Bestand eines Unternehmens, in das man gerade mehr oder weniger zufällig investiert hat; dieses ist für ihn vielmehr nur ein austauschbares Investitionsobjekt neben vielen.[2]

Marx prägte für diese kapitalorientierte Ausprägung daher den lange Zeit verpönten Begriff des Kapitalismus. Der romanische Begriff der »Anonymen Sozietät« (vgl. die Abkürzung S.A. für »Société Anonyme« beziehungsweise »Sociedad Anónima«) für Kapitalgesellschaften macht es deutlich: Die Eigentümer werden als persönlich irrelevante Kapitalgeber gesehen, die vorrangig am Gewinn interessiert sind, nicht notwendig am Unternehmen selbst, seinen Mitarbeitern und seinen Erzeugnissen. Bestes Beispiel sind private oder institutionelle Anleger wie Lebensversicherungen, die Aktienfonds erwerben, in denen alle DAX-Unternehmen vertreten sind, also Mercedes genauso wie sein Konkurrent BMW oder der Pharmakonzern Bayer. Und wenn der Fonds nicht ihren Renditeerwartungen entspricht, transferieren sie ihr Kapital um, zum Beispiel auf einen weltweiten Fonds von Goldproduzenten.

Die dieser Ökonomie inhärente Kapitalmehrung führt zwangsläufig zur Suche nach immer mehr und immer neuen Anlagemöglichkeiten. Da vorhandene Produktionen mangels realer Restriktionen wie Absatz, Rohstoffe, Personal oder Fläche nicht beliebig erweitert werden können, bedarf es neuer »Felder«. Diese schafft sich die Ökonomie durch Entwicklung völlig neuer Märkte, wie höchst erfolgreich mit den neuen Medien praktiziert, oder sie kauft bis dahin kapitalfreie »Brachen« wie kommunale Stadtwerke, historische Stadionnamen oder das Rentensystem auf, um hieraus sichere Rendite zu beziehen. Die »neue Landnahme« nennt dies der Soziologe Klaus Dörre.[3]

Die Maximierung der Rendite verlangt eine maximale Auswahl von Kapitalanlagemöglichkeiten; daraus entstand der Druck, das Kapital *weltweit und ohne Beschränkung* fließen zu lassen. Umgekehrt geraten hiermit nicht nur die einzelnen Unternehmen unter den beschriebenen Renditedruck, sondern ganze Volkswirtschaften in einen Standortwettbewerb: Nur wer den Unternehmen das beste Umfeld zur Erzielung von Spitzenrenditen bietet, erhält vom Kapital einen Zuschlag in Form von Investitionen. Erhofft werden hiervon insbesondere Arbeitsplätze und die Ansiedlung weiterer Unternehmen wie Zulieferer, in Schwellenländern auch ein Know-how-Transfer. Als Gegenleistung winken geringe Steuern, niedrige Löhne, laxe Umwelt- und Sozialstandards, aber auch – wie in Deutschland – hervorragende äußere Bedingungen an Bildung, Sicherheit und Infrastruktur.

Handel und Wandel gab es schon immer in den jeweils bekannten Welten. Doch erst diese permanente, unbeschränkte und globale Interaktion zwischen Unternehmen, Kapitaleignern und Staaten ist es, die der Ökonomie ihre historisch einmalige Dynamik verleiht. Ermöglicht wurde sie durch die Expansion der Verkehrsmittel und die dank der Container ermöglichte Beschleunigung der Warentransporte, auf eine vorläufige (?) Spitze getrieben durch den simultanen Informationsfluss.

Dieser katapultierte auch in ungeahntem Umfang nach oben, was vor der Globalisierung nur in Ansätzen, zum Beispiel in Form von Forderungsaufkäufen oder Devisentermingeschäften, praktiziert wurde: den *Finanzkapitalismus*, die weitgehende Abkopplung des Kapitals von der Realwirtschaft. So wie in der klassischen kapitalistischen Ökonomie die Unternehmen als Mittel zur Kapitalmehrung genutzt werden, ist es nun das Kapital selbst, aus dem heraus selbständige virtuelle »Produkte« wie Wetten auf Aktien- oder Wechselkurse gebildet werden und mit denen man ohne reale Wertschöpfung handeln und gewinnen (aber auch schnell verlieren) kann. Da an keine materiellen und regulatorischen Engpässe gebunden, konnte sich diese jüngste und – wie viele Wissenschaftler meinen[4] – reinste Form der kapitalistischen Marktwirtschaft innerhalb kürzester Zeit zu Billionensummen aufblähen, die heute als unkontrollierbare Finanzkrise Staaten und Wirtschaft in den Abgrund zu ziehen droht.

Was erwarten wir vom Wirtschaften?

Verbleibt die Ökonomie für uns ein diffuses System der Reichtumsmehrung, verbinden wir mit der Wirtschaft lebensnahe, praktische Vorstellungen. Bezeichnenderweise gibt es kein Verb zur Ökonomie, wohl aber zur Wirtschaft. Man kann wirtschaften, jedoch nicht ökonomen. Das Wirtschaften ist ein ureigen menschliches *Tun* mit Dingen und anderen Menschen. Als zwischenmenschlicher Prozess zur Existenzsicherung und Lebensentfaltung erhebt sich das Wirtschaften weit über die klassische Definition der Wirtschaftswissenschaft hinaus, die hierunter bloß den Inbegriff aller Einrichtungen zur Befriedigung der menschlichen Bedürfnisse versteht. Diese Aufgabe könnten zur Not nämlich auch Lastenabwürfe von Flugzeugen oder vom Himmel herabgesandtes Manna erfüllen. Erst in der Verschmelzung mit dem sinn- und zweckreichen Umgang der Menschen miteinander und mit den Dingen wird aus der puren Bedarfsdeckung das Wirtschaften. Sehr lebendig umreißt ein Grundsatzpapier der Lausitzer Regionalwährung das Wesen des Wirtschaftens:

»Wir haben uns mit dem Grund des Wirtschaftens zu beschäftigen. Die Frage lautet: *Warum wirtschaften wir überhaupt?*

Wirtschaften wir, um das Wirtschaftswachstum anzukurbeln? Wirtschaften wir, um auf dem Weltmarkt zu bestehen? Oder wirtschaften wir, um die Aktienkurse steigen zu lassen? Für manche Menschen mögen die genannten Gründe ihr persönlicher Sinn des Wirtschaftens sein, für die Vielzahl der Menschen ist die Wirtschaft jedoch der gesellschaftliche Raum, in dem sie ihren *Lebensunterhalt bestreiten.*

Menschen wirtschaften, weil sie Bedürfnisse haben, die sie (sich) erfüllen wollen. Essen, Wohnen, Bildung, Kultur, Vergnügen und Reisen – dies und vieles mehr ist nicht einfach so vorhanden und nutzbar. Diese Güter und Leistungen sind für uns nur nutzbar, weil andere Menschen sie für uns ermöglichen: indem sie wirtschaften. *Weil* wir wirtschaften!

Wir wirtschaften also *aus Notwendigkeit*, denn ohne Wirtschaft gibt es keine Versorgung. All die Produkte und Annehmlichkeiten des (modernen) Lebens wären ohne unser Wirtschaften nicht vorhanden und nicht nutzbar.

Darüber hinaus ist es ein *menschlicher Wunsch*, kreativ und produktiv tätig zu sein. Die Befriedigung durch erfolgreiche Ergebnisse im Arbeitsprozess sind für die meisten Menschen genauso wichtig wie die Zusammenarbeit mit anderen Menschen. ›Wirtschaften‹ ist der Sammelbegriff für diese Tätigkeiten.

Wir wirtschaften also aus zwei Gründen:

1. aus Notwendigkeit, denn ohne Wirtschaft keine Versorgung,
2. aus dem menschlichen Wunsch, kreativ und produktiv tätig zu sein und dem eigenen Leben einen Sinn zu geben.«[5]

Kurz und prägnant drückte es der ehemalige Bundespräsident und vormalige Chef des Internationalen Währungsfonds (IWF) Horst Köhler in seiner Weihnachtsansprache 2006 aus: »Arbeit … vermittelt Lebenssinn.« Offensichtlich waren ihm die leidvollen Erfahrungen zu Herzen gegangen, die die Bevölkerung Argentiniens und vieler Entwicklungsländer, denen der IWF harte Sparmaßnahmen mit der Folge starker Arbeitslosigkeit aufzwang, durchmachen musste.

Tief in uns eingeprägt hat sich diese Vorstellung von Wirtschaften in ihren Urformen, wie wir sie auch heute noch anfinden können, so in der familiären Land- und Hauswirtschaft, im Handwerksbetrieb oder im Kloster; grundsätzlich also dort, wo *Menschen gemeinsam und geschickt*, d.h. in sinnvoller Arbeitsteilung, für ein materielles Wohl und die Sicherung ihrer Zukunft agieren. Dass sie dabei auch sich selbst verwirklichen wollen, spiegelt sich in der eingangs erwähnten Sage von den Sieben Faulen wider: Sie wirkten zur Verbesserung ihres Lebensstandards, und der Ertrag aus ihren Maßnahmen überstieg sicher die Mühen, wodurch sie vermutlich auch reicher wurden. Bei wiederholtem Lesen wird man freilich über den Brunnenbau stolpern – dieser kann sich für sie kaum noch »gerechnet« haben – und auf ein weiteres Moment des Wirtschaftens stoßen: Die Brüder freuten sich einfach am Erfinden, Tüfteln und Entdecken und wären unglücklich geworden, hätten sie nicht mit der mittelalterlichen Infrastruktur ein so dankbares Betätigungsfeld gefunden.

Doch ein reines Paradies unerschöpflicher Quellen war das Wirtschaften nie; Knappheit und sparsamer Umgang mit den Ressourcen gehörten stets dazu. So hat es auch in der heutigen Geldwirtschaft einem ehernen Gesetz zu gehorchen: Auf Dauer dürfen die Ausgaben nicht höher als die Einnahmen sein. Und selbstverständlich wird jeder Betrieb und jeder Inhaber kaum etwas gegen Überschüsse einwenden, können diese doch für

Modernisierungen, Erweiterungen oder höheres privates Einkommen verwendet werden.

Symbiose oder Koexistenz?

Verglichen mit der klassisch-formalen Sicht von Wirtschaft als Bedarfsdeckung, erst recht mit der Vorstellung eines vielfältigen und lebensintensiven »Wirtschaftens«, stellt sich die moderne kapitalistische Ökonomie als ein System dar, das einem einzigen und eindimensionalen Ziel unterworfen ist: dem der Kapital- beziehungsweise *Vermögensmehrung*. Dieses Prinzip der »Gewinnmaximierung« wird in den betriebswirtschaftlichen Lehrbüchern als bare Selbstverständlichkeit postuliert und ist darüber hinaus gemeinhin akzeptiert. Dennoch werden im allgemeinen Sprachgebrauch »Wirtschaft« und »Ökonomie« meist synonym verwendet, soweit mit der Ökonomie nicht ihre zweite Bedeutung als Lehre der Wirtschaftswissenschaften gemeint ist.

Seit Jahren etwa beklagen die Gegner eines höheren Spitzensteuersatzes, er schade »der Wirtschaft«, wiewohl er zunächst nur die Vermögensmehrung bremsen und die Verwendung der zusätzlichen Steuern etwa für den Netzausbau die Wirtschaft im doppelten Sinne unter Strom setzen würde, was von der tatsächlich stark praktizierten Anlage der Gewinne in Steuerparadiesen nicht behauptet werden kann. Können sich also die Ziele von Wirtschaft und Ökonomie kaum decken, geht es bei ersterer doch um vielfältige und dynamische Aufgaben und bei zweiter um eine statische Größe?

Es war Adam Smith, der den Zusammenhang zwischen beiden als Erster formulierte: Indem der Einzelne *mittels* wirtschaftlicher Tätigkeit seinen privaten Reichtum mehrt, befördert er gleichzeitig die Wohlfahrt des Gemeinwesens. Dieses war sicher schon den frühen Handels- und Gewerbevölkern selbstverständlich und auch Thema des griechischen Philosophen Platon, der allerdings den erarbeiteten Gewinn des Produzenten und den leistungslosen Gewinn des Händlers moralisch deutlich schied (wobei wir dem Händler durchaus seine Mittler-, Lager- und Verteilungsarbeit gerne honorieren wollen). Doch Smith zielte auf weitere, seinerzeit durchaus nicht selbstverständliche Faktoren, die nicht nur den privaten, sondern auch den gesellschaftlichen Reichtum voranbringen, nämlich 1. die *Arbeitsteilung* auf einem 2. *freien Markt*.

Ist also die eingangs erfolgte Unterscheidung zwischen Ökonomie und Wirtschaft nur künstlich überhöht, gehören beide nicht zusammen wie die zwei Seiten einer Münze? Sind es nicht triviale Erkenntnisse und Erfahrungen, dass der Nutzen der Käufer, ihren Bedarf an Gütern gedeckt zu bekommen, mit dem Vorteil der Verkäufer, die in arbeitsteiliger Wirtschaft diese Güter hergestellt und mit Gewinn verkauft haben, zusammenfallen kann? Und ist der Unterschied zwischen der Gewinnmaximierung der Ökonomie und der Kostendeckung des Wirtschaftens nicht ein nur gradueller?

Wir kennen die offensichtliche Erfolgsgeschichte der sozialen, aber eben auch kapitalistischen Marktwirtschaft nach dem Zweiten Weltkrieg, die im »freien Spiel der Kräfte« das Wirtschaften mobilisierte. Dass hierbei einzelne Unternehmer und Unternehmen reich und reicher als die Arbeitnehmer wurden, störte Letztere nicht ernsthaft, nahmen doch auch für sie Wohlstand und persönliches Vermögen in bislang ungekanntem Ausmaß zu. Fraglich ist allerdings, ob es wirklich nur das Reichtumsstreben war, das die Unternehmer und Manager antrieb, oder nicht ebenso die eingangs kolorierte Freude am Schaffen, Tüfteln und Organisieren, also genau das »Wirtschaften«. Denn das war auch das Belebende an der sozialen Marktwirtschaft der Nachkriegszeit: die Aufbruchsstimmung, verbunden mit einer seit der Gründerzeit der 1870er Jahren nicht mehr gekannten Gewerbefreiheit und einem Neustart der Märkte, die den Unternehmern ungekannte Entfaltungsmöglichkeiten bot.

Schauen wir uns dagegen die mächtigen Kapitalgesellschaften an, deren Anteilseigner tatsächlich vorrangig oder gar einzig am Gewinn interessiert sind und die das heutige Bild der Ökonomie bestimmen. Diese geben den einzelnen Geschäftsbereichen jährliche Renditeziele vor, die dann häufig bis auf Abteilungsebene heruntergebrochen werden. Als »Wertbeitrag« gilt dort nicht der schlichte Überschuss der Erlöse über die Kosten, sondern nur, was über die (hohen) Anforderungen der Aktionäre hinausgeht. So schloss oder verkaufte die Arzneimittelfirma Schering vor einigen Jahren die Hälfte seiner deutschen Betriebsstätten nicht etwa deshalb, weil sie Verluste bereitet hätten, sondern weil sie die Vorgabe von 18 Prozent pro anno nicht erreichten. Dermaßen auf hochrentable Betriebsstätten zurückgeschnitten, wurde dann Schering im Jahr 2006 für einen sicher stolzen Preis an Bayer verkauft. Bekannt und berüchtigt ist auch die Schließung des Nokia-Werkes in Bochum 2008: Auch dieses erwirtschaftete durchaus einen Gewinn, doch versprach die Verlagerung nach Rumänien halt noch höhere Gewinne. Und selbst der stolze Flugzeugbauer Airbus musste nach seinem letzten Geschäftsjahr 2011 mit einem Rekord an Auslieferungen und Neubestellungen von der Konzernleitung EADS erfahren, dass seine Rendite bis zum Ende des Jahrzehnts auf zehn Prozent zu steigern sei.

In diesen Unternehmen stehen die Angestellten und Arbeiter ständig im »Überlebenskampf«, das hoch gesetzte Renditeziel beziehungsweise auf sie persönlich zugeschnittene Marken zu erreichen. Gleichzeitig drückt die »knallharte« Konkurrenz auf die Preise, so dass das Heil meist nur in der Senkung der Stückkosten liegt, sowohl durch höhere Produktionsmengen als auch durch weitere Rationalisierungen. Dann werden in unserem christlichen Abendland mittels eines »gnadenlosen« Wettbewerbs Märkte »erobert«, neue Waffen, sprich: Produkte entwickelt, Kunden »gefangen« und der Betrieb auf versteckte Kostenverursacher hin durchkämmt und diese eliminiert beziehungsweise »outgesourct«. Dass hierdurch die Daumenschrauben auf das Management und die Mitarbeiter angezogen und gleichzeitig ihr persönlicher und fachlicher Freiraum stark eingeschränkt werden, ist offensichtlich und hinreichend bekannt. Andererseits muss man nicht extra Vergleiche mit der sozialistischen Planwirtschaft ziehen, um den Gewinn an Produktivität und Innovationskraft für die gesamte Wirtschaft zu erkennen, von dem in der Regel auch die Bürger in ihrer Eigenschaft als Konsumenten profitieren beziehungsweise zu profitieren glauben.

Gemäß der herrschenden (neoliberalen) Lehre und der sich auf sie berufenden Parteien sollten sich die beiden Kernelemente der modernen Ökonomie – Kapitalrendite und freier Wettbewerb – von Staats wegen möglichst unbeschränkt entfalten können. Der Renditedruck treibt die Produktivität immer weiter nach oben, der Konkurrenzdruck andererseits die Preise immer weiter nach unten. In einem theoretischen Gleichgewichtszustand würden dann nur die produktivsten Unternehmen überleben, die in diesem »mörderischen« Preiskampf gerade noch Gewinn machen. Damit wäre das Konsumentenparadies niedrigstmöglicher Preise erreicht, wie es die konsequenten Wettbewerbsförderer der EU erwarten, wenn sie selbst auf kommunaler Ebene EU-weite Ausschreibungen verlangen. Tatsächlich herrscht bei weitem nicht überall der totale Wettbewerb, sondern gibt es eher Oligopole, Preis- und Marktabsprachen und Korruption, womit Produktivität und Preise nicht bis zum Letzten ausgereizt werden müssen. Die globalen Energiemonopolisten schließlich demonstrieren ganz unbekümmert, dass sie König sind und nicht die Kunden.

Selbst wenn einerseits für viele Produkte heute weniger bezahlt werden muss, sehen sich die Konsumenten aufgrund schlechterer Qualität, häufiger aber wegen technischer Neuerungen zu einem teuren Ersatz verlockt (Handys und Autos) oder gezwungen (PCs). Dass man von der Werbung häufig zu überflüssigen Käufen verleitet wird, die sich dann bald im Müll, in Abstellräumen oder in Altkleidersäcken wieder finden, nimmt man als Kehrseite der Ökonomie hin. Auch die Verbilligung für internetbasierte Dienstleistungen wird erkauft – nämlich von den älteren Mitbürgern, die zum Beispiel für Bahnfahrten und -fahrkarten entweder eine teure Servicenummer anrufen und/oder weite Wege zu den wenigen verbliebenen Schaltern antreten müssen. Und zu gerne wird der Beitrag der armen Länder zur Verbilligung der Produkte übersehen: Sie haben kaum Marktmacht gegenüber den Konzernen, um ausreichende Löhne durchzusetzen. Ganz ins Hintertreffen gerät in dieser Ökonomie, die ihr Heil überwiegend über ein Mengenwachstum sucht, der letztlich wichtigste Stakeholder: Natur und Umwelt. Da mag der Verlust an Biodiversität und Fläche beklagt und vor Klimaerwärmung und dem Erschöpfen der (Energie-)Rohstoffe gewarnt werden, und dennoch werden Autobahnen zu Pistenmonstern erweitert und Flüsse zu standortaffinen Verkehrswegen ausgebaggert, um einer weiteren Verdoppelung des Frachtverkehrs zu genügen; nicht weil ein Versorgungsnotstand für die Bevölkerung droht, sondern weil die Ökonomie um ihrer selbst willen wachsen und die billigsten Quellen weltweit nutzen muss.

Doch während gegen solche Missbräuche, Auswüchse und Umweltzerstörungen vorgegangen werden kann und je nach politischem Wollen auch wird, verbleibt die grundsätzliche Frage, ob ein solches Konsumentenparadies das ist, was die Menschen wollen. Es reduziert sie auf nichts als simple Verbraucher, die alle anderen Aspekte, insbesondere das eigene

Arbeiten, ausblenden und ökonomisch durch eine Sperrmüll-presse ersetzt werden können. Eine Kapitelüberschrift des Bu-ches *Wir steigern das Bruttosozialglück* von Annette Jensen lau-tet: »Viele wollen ein ganzes Leben«. Die Autorin stellt der Reduzierung des Menschen auf den nichts als Wohlstand opti-mierenden *Homo oeconomicus* das Tun, die Vielfalt und Ausge-wogenheit des menschlichen Wirtschaftens entgegen.

Böse Erfahrungen mit dem reinen Konsumentenparadies mussten nicht nur die Bewohner der ehemaligen DDR machen, als sie im Besitz frisch eingetauschter DM endlich die begehr-ten Westprodukte anstelle der grauen Konsumwaren kaufen konnten – und sich damit gleichzeitig um ihre Arbeit brachten. Mittlerweile kennen die Arbeitnehmer der ganzen Welt den gleichen Vorgang, und wir können es fast täglich lesen: Not-wendige Rationalisierungen und Kostensenkungen gehen zu Lasten von Arbeitnehmern, die entweder für den gleichen Lohn mehr und stressiger arbeiten müssen, in den Niedriglohnsektor abgedrängt oder auch ganz entlassen werden. Kaum einer der Betroffenen wird sich dann mit den niedrigen Discounter- und Handypreisen trösten, der glänzenden Seite dieser ökonomi-schen Medaille.

Und wem kommt diese Spirale von Preis- und Lohnsenkun-gen eigentlich zugute? Bislang haben nur die Arbeitnehmer Not gelitten, indem ihr Anteil am Volkseinkommen ge-schrumpft ist, während das Kapital eine nie gekannte Zunahme erfuhr. Bedeuten die 18 Prozent Zunahme der Arbeitnehmer-entgelte im Deutschland der vergangenen zehn Jahre nicht ein-mal eine reale Aufrechterhaltung ihrer Einkommen, lassen sich bei einer 50-prozentigen Zunahme der Unternehmens- und Vermögenseinkommen im selben Zeitraum und einer durch-schnittlichen Eigenkapitalrendite von 25 Prozent pro anno die von den Arbeitnehmern verlangten Opfer kaum als notwendig rechtfertigen.

Wir stellen fest: Wenn ein Aufbau wie in Nachkriegszeiten oder in Entwicklungsländern angesagt ist, treiben die Chancen auf mehr oder weniger Reichtum das ureigene menschliche Bedürfnis des Wirtschaftens zweckmäßig und zum Wohl des Landes an. Genauso wichtig erscheint jedoch auch die Freiheit der Unternehmer, damit sie im Sinne des Wirtschaftens Ideen und Innovationen entwickeln und voranbringen können, wie es eindrücklich der Ökonom Joseph Schumpeter beschrieb. Der weltweite Wettbewerb in Verbindung mit hoch angesetzten Rendite- und Gewinnzielen steigert zweifellos die Produktivität und senkt die Preise, ignoriert aber die Vielfalt des menschlichen Wollens und reduziert die Menschen auf Renditemacher und Konsumenten; er übersieht Hungerlöhne und blendet die Übernutzung von Natur und Umwelt aus. Die faktische Macht des Kapitals hat überdies nicht einmal die einzig erkennbare positive Komponente der ökonomischen Theorie für die Menschen Wirklichkeit werden lassen – das Konsumentenparadies niedrigster Preise und (!) niedrigster Unternehmensgewinne. Vielmehr eignete sich das Kapital einen immer weiter wachsenden Anteil am Volkseinkommen an.

Eine scharfe Grenzlinie zwischen Ökonomie und Wirtschaften ist freilich nicht zu ziehen. Offensichtlich gilt es, ein ausgewogenes Maß zwischen ökonomisch bedingtem Rationalisierungs- und Innovationsdruck und der Kreativität des vielfältigen Wirtschaftens zu finden. Anzutreffen ist dieses Maß zum Beispiel bei ländlichen Genossenschaften: Ihre Eigentümer sind gleichzeitig häufig ihre eigenen Lieferanten (landwirtschaftliche Produkte, Spareinlagen) und/oder Kunden (Maschinenpark, Bedarfsartikel, Kredite), die Mitarbeiter und Mitarbeiterinnen stammen aus ihrem persönlichen Umfeld. Somit entsteht ein schöpferisches und stabilisierendes Spannungsfeld, in dem sich die Interessen der verschiedenen Stakeholder durchaus artikulieren, aber keine Seite dominieren wird. Auch die Produktivität und Effizenz des

Genossenschaftsbetriebs muss im Interesse der Eigentümer und der Wettbewerbsfähigkeit gegenüber Dritten beachtet werden, darf jedoch nicht zu einem Kahlschlag an Personal und Leistungsumfang führen. Die Mitarbeiter und Unternehmer in der »harten« Ökonomie hingegen haben keine andere Wahl, als sich deren unerbittlichen Gesetzen von maximaler Leistung und Effizienz zu unterwerfen.

Die folgende Tabelle fasst die wesentlichen Merkmale der kapitalistischen Ökonomie einerseits und der Wirtschaft, wie sie nicht nur in diesem Buch verstanden wird, zusammen. Auf den Punkt gebracht: In der Ökonomie dominiert die Quantität, in der Wirtschaft der Mensch.

	Ökonomie	Wirtschaft
Ziel	Vermögens-(Kapital-)mehrung	Bedarfsdeckung, Existenzsicherung, Tun
Mittel	Optimierung, Effizienz- und Umsatzsteigerung, Globalisierung	planvolles, zweckgerichtetes Handeln in Arbeitsteilung
Restriktionen	Renditevorgabe, Kapitalangebot, globaler Wettbewerb	Kostendeckung
Gesamtwirtschaft	hohe Produktivität, Dominanz der Konzerne	Kleinteiligkeit, Regionalbezug, Personalintensität
Mitarbeiter	Renditedruck, hohe Einkommensspannen, Arbeitsplatzrisiko	stabile Positionen, begrenzte finanzielle Attraktivität, Service-Intensität
Kunden	niedrige Preise, schicke Produkte, Auswahlstress, geringe Verlässlichkeit	feste Preise, personeller Kontakt, Service
Gesellschaft	Ökonomisierung der Zeit und des Lebens, ökonomische Spaltung	unmittelbar erlebbare Wirtschaft, sozioökonomisches Miteinander
Dritte Welt	billiger Lieferanten und Resteabnehmer, Arbeitsbeschaffung	geringe Wirkung (sowohl positiver als auch negativer Art)
Natur/ Umwelt	kostenloser Lieferant, sofern nicht gesetzlich reguliert; globale Beanspruchung	mangels Größe und dank Transparenz geringere Schäden, begrenzter Verkehrsbedarf
Maß	quantitativ	qualitativ

Die »Neue Soziale Marktwirtschaft«, eine gute Initiative?

Seit dem Jahr 2000 wirbt die Initiative Neue Soziale Marktwirtschaft (INSM) bundesweit für eine marktgerechte Lohn- und Sozialpolitik. Gegründet vom Arbeitgeberverband Gesamtmetall, wird sie jedoch durchaus auch von Abgeordneten von CDU/CSU, FDP, SPD und Grünen unterstützt, womit sie einen überparteilichen Eindruck erhält. Sie knüpft gemäß ihrer Zielsetzung an die soziale Marktwirtschaft Ludwig Erhards an, will sie aber reformieren, um sie überlebensfähig zu machen für härtere ökonomische Bedingungen:

»Die INSM steht für ein Gesellschaftssystem in Freiheit und Verantwortung. Unser Ziel: Das über Jahrzehnte bewährte Konzept der Sozialen Marktwirtschaft von Ludwig Erhard erhalten und erneuern, um die Prinzipien unternehmerische Freiheit, Eigeninitiative und Chancengerechtigkeit weiter befördern zu können.«[6]

Deutlicher stellte sich die Initiative noch vor einem Jahr in den weiteren Sätzen dar:

»Die Initiative hält die konsequente und konsistente wettbewerbliche Ausrichtung unserer Wirtschafts- und Sozialordnung für erforderlich, um in Deutschland dauerhaft mehr Wachstum und neue Arbeitsplätze zu schaffen. Dies stärkt auch das eigenverantwortliche Handeln jedes Einzelnen und die Fähigkeit, Risiken erfolgreich zu begegnen. Unser Ziel ist deshalb die nachhaltige Förderung der Reformbereitschaft in Politik und Gesellschaft.«[7]

Praktisch liest sich diese Zielsetzung wie die Agenda 2010 der seinerzeitigen rot-grünen Regierung, die von CDU/CSU und FDP mitgetragen wurde. Indem sie auch für die Löhne und die sozialen Sicherungssysteme einen Wettbewerb fordert, was in ihrer Ablehnung von Mindestlöhnen gipfelt und eine (stärkere) Privatisierung von Kranken- und Rentenversicherungen impliziert, passt sie in das vorab beschriebene ökonomische Denken. Ein spezifisch *soziales* Merkmal ist entgegen ihrem selbst verliehenen Attribut am Programm dieser »Denkfabrik« nicht auszumachen, sie fügt sich in den bekannten Anspruch der Ökonomie, mit ihrem System jegliche wirtschaftliche Aktivität auf höchste Effizienz zu trimmen. Den Arbeitnehmern sollen offensichtlich ihre spürbaren Einschränkungen aufgrund der Agenda-Politik schmackhaft gemacht und als unverzichtbar erklärt werden, wenn sie nicht einen weiteren Einbruch ihrer Lage riskieren wollen.

Interessanter als die Thesen und die Öffentlichkeitsarbeit der INSM ist die Frage, ob die soziale Marktwirtschaft, wie sie Ludwig Erhard zugeschrieben wird, tatsächlich eine sozialverträgliche Version des Kapitalismus darstellte und ob sie auch unter den heutigen Bedingungen möglich wäre. Das Neue an der sozialen Marktwirtschaft war qualitativ die Stärkung der Rechte der Arbeitnehmer durch Tarifverträge, Kündigungsschutz und Mitbestimmung in großen Unternehmen und quantitativ die deutliche Verbesserung der sozialen Leistungen, besonders der Rentenversicherung. Hiermit wurden Pflöcke eingerammt, auf die sich die Arbeitnehmer auch in der dynamischen Welt der freien Marktwirtschaft verlassen konnten und die ihnen Sicherheit gaben. Hiermit war endlich eingetreten, was schon der frühe Ökonom Richard Cantillon (1680–1734) gefordert hatte und was Dieter Schneider im vierten Band seiner *Betriebswirtschaftslehre* als eine wesentliche Funktion von Unternehmen bezeichnet: ihren Arbeitnehmern die Einkommensunsicherheit abzunehmen.

Ein Wandel zurück setzte dann bekanntlich in den 1980er Jahren in den Vereinigten Staaten wie im Vereinigten Königreich ein und erreichte Deutschland mit der aufkommenden Standortpolitik, die die internationale Wettbewerbsfähigkeit thematisierte. »Globalisierung« wurde dann das Totschlagargument, mit dem Kostensenkung, Effizienzsteigerung und Flexibilität bis herunter zu den einzelnen Arbeitnehmern und auch in bis dahin »unberührten« staatlichen und gesellschaftlichen Einrichtungen wie Krankenkassen und Altersvorsorge gefordert und durchgesetzt wurden. Hinfort wurde die Sicherung des heutigen wie späteren Einkommens mittels Flexibilisierung der Arbeitsverhältnisse (gelockerter Kündigungsschutz, Ausweitung der Leih- und Niedriglohnarbeit) und Abkopplungen von den Sozialkosten (Festschreiben des Arbeitgeberanteils, Kürzung der Kassenleistungen) teilweise wieder auf die Arbeitnehmer abgewälzt. Und obwohl die gesamtwirtschaftliche Produktivität unverändert stark gestiegen ist, die möglicherweise die verschlechterte Altersrelation wie schon in den vergangenen einhundert Jahren ausgleichen könnte, wurde die demographische Keule herausgeholt und der gesetzlichen Rente der Nimbus der Sicherheit entrissen.

Das Modell der INSM beziehungsweise die von ihr unterstützte Politik der Ableitung der wirtschaftlichen Risiken bis herunter zum einzelnen Arbeitnehmer verlässt somit grundsätzlich den Kern der sozialen Marktwirtschaft, nämlich die materielle Absicherung der Arbeitnehmer. Diese Abkehr ist umso gravierender, als die Dynamik der Wirtschaft durch die Globalisierung ungleich höher ist als in früheren Jahrzehnten. Wenn sich dann auch noch der in der Vergangenheit eher träge Staat und quasistaatliche Einrichtungen wie die Kirchen im Sinne der INSM marktwirtschaftlich verhalten müssen, fallen immer mehr Barrieren und geraten auch sie in die unvorhersehbaren Zyklen der Ökonomie. Insolvenzen von Krankenkassen, von diakonischen Krankenhäusern und Pflegeheimen waren in der sozialen Marktwirtschaft unvorstellbar, nun gelten sie als unausweichliche Bereinigung nicht wettbewerbsfähiger, zu teurer Betriebe. Betroffen sind nicht nur die Mitarbeiterinnen und Mitarbeiter, sondern auch ihre Mitglieder beziehungsweise Patienten. Da hilft es ihnen wenig, dass sie im Sinne der marktwirtschaftlichen Ausrichtung zuvorkommend als »Kunden« apostrophiert werden. Viele Besucher von Bahn- und Postcentern nähmen vielleicht lieber den Beamtentrott früherer Zeiten auf sich, wenn es nur wieder Schalter in passabler Entfernung gäbe.

Wie viel Staat brauchen wir?

Schon diese in der (Wirtschafts-)Politik häufig gestellte Frage offenbart das ökonomisierte Denken: Nicht die Rolle der Ökonomie in Staat und Gesellschaft wird hinterfragt, sondern umgekehrt gilt die Ökonomie als gesetzt, Ansprüche von anderer Seite gelten als Einschränkung der »natürlichen« Rechte Leben, Freiheit und Eigentum. Dies ist ein Erbe (oder eine Erblast?) der frühen englischen Staatsrechtler Thomas Hobbes und John Locke, die dem Staat nur noch die Aufgabe zuwiesen, genau diese Naturrechte der Bürger zu schützen.

Zu welchen Konsequenzen eine solche Einstellung führt, zeigt sich schon an der Missachtung gerade der Natur: Obwohl heute das Wissen über ihren langfristigen Wert in viel stärkerem Maße als früher vorhanden ist, wird sie bis auf den letzten Tropfen Öl, den letzten frei springenden Lachs, den letzten Urwaldriesen ausgeplündert, wo nicht staatliche und gesellschaftliche Vorgaben gelten und wirken. Wider die Natur, nur weniger offensichtlich, höhlt die Arbeitswelt die menschliche Spezies auch in ihrem Zusammenleben aus, indem sie Arbeitszeit, -sicherheit und -lohn dem Diktat von Kosten und Flexibilität unterwirft. Soziologen und Umweltökonomen versuchen seit Jahren, die eigentlich existenzsichernden Faktoren zumindest als Nebengrößen in das ökonomische Zielsystem einzubringen, indem sie zum Beispiel das Bruttosozialprodukt entsprechend ergänzen oder korrigieren. Doch zählen diese Ansätze nicht einmal als Feigenblätter, wenn die jüngsten OECD-Reports die Zukunftsfähigkeit ihrer Mitglieder nach nichts anderem als nach ihrer ökonomischen Wettbewerbsfähigkeit beurteilen, womit Länder mit niedrigen Löhnen und hoher Arbeitsbelastung besonders gut abschneiden.

Ein einziges Land auf der Welt, das abgeschiedene kleine Bhutan im Himalaya, versucht, trotz der unausweichlichen Annäherung an die moderne Welt, das Bewusstsein für die Vielfalt des Lebens zu erhalten und sich nicht vom eindimensionalen ökonomischen Reichtumsdenken vereinnahmen zu lassen. Weil seine geistigen Führer die Gefahr erkennen, dass mit den materiellen Verlockungen sich auch das Denken auf Wohlstand und Reichtum verengt, bemisst es die Qualität seiner Wirtschaftspolitik offiziell an einem Index, der das Bruttosozialglück repräsentieren soll. Alle wirtschaftlichen Interessen des Landes werden dem Umwelt- und Naturschutz untergeordnet, und als einziges Land der Welt neben Ecuador hat Bhutan ein nicht wachstumsorientiertes Wirtschaftsmodell in seiner Verfassung verankert. Zu diesem Zweck wurde ein Ministerium für »Gross National Happiness« eingesetzt, das die Bürger anhand diverser Kriterien nach ihrem Wohlbefinden fragt.

Erst in schweren Krisen geraten Staat, Natur und Gesellschaft als letztlich überlebenswichtig ins Bewusstsein derjenigen, die sie ansonsten nur als systemstörend sehen. Dann erwarten die angeblich systemrelevanten Banken staatliche Rettung, verlangen ganze Branchen Bestandsschutz, soll der drohenden Knappheit an Fachkräften mit staatlicher Frauen- und Familienförderung begegnet werden und wird der Ausstieg aus der Atomkraft nicht mehr mit schrecklichen Untergangsszenarien ausgemalt. Orientierungsmarken verlangte die Wirtschaft plötzlich vom Staat mit Einsetzen der jüngsten Finanz- und Wirtschaftskrise. Damit treffen wir wieder auf das entscheidende Merkmal der globalisierten Ökonomie: das Fehlen stabiler Ankerplätze und Landmarken. Die vermeintlich renditemindernden und kostensteigernden Widerstände, die von der nationalen, EU- und OECD-weiten Wirtschaftspolitik pflichtschuldigst beseitigt wurden – Kapitaltransfer- und Importbeschränkungen, Transport- und Rohstoffengpässe, regional begrenzte Ausschreibungen, Tariflöhne oder Kündigungsschutz –, sie erweisen sich im Nachhinein als Schleusen und Dämme, die ohne Not beseitigt und niedergewalzt wurden. Frei und ungehindert können nunmehr eben nicht nur die billigsten Arbeitnehmer, Rohstoffe und Finanzen gefunden und die lukrativsten Märkte ausfindig gemacht und bearbeitet werden, sondern können Importe etablierte Industrien wie früher die Werften und heute die Solar- und Windkraftindustrie verdrängen, Kreditquellen aufgrund internationaler Finanzkrisen austrocknen, kann gleichzeitig die Binnennachfrage mangels stabiler Einkommen einbrechen und jeder anschwellende Strom von außerhalb, sei es eine Immobilienkrise in den USA, eine Verschuldung Griechenlands oder ein Konsumrückgang in China, sich ungehindert als Tsunami ergießen.

Dann ruft man den Staat – doch wie potent ist er noch? Ein Staat, der Unternehmen und Vermögen immer stärker von Arbeitskosten und Steuern entlastete, so dass ihm einerseits immer höhere Sozialkosten entstanden, andererseits die Einnahmen wegbrachen, muss sich zwangsläufig immer mehr verschulden und so seine Handlungsfähigkeit verlieren. Nicht nur durchaus vertretbare ordnungspolitische Gründe, dass der Staat sich aus Aktivitäten heraushalten soll, die ebenso gut von Privaten erledigt werden können, sondern auch seine zunehmende Verschuldung führten zu einem Verkauf seiner Wirtschaftsunternehmen. Neben Post, Telekommunikation, Flug- und Energieunternehmen und beinahe der Bahn wurden auch viele kommunale Energie- und Wohnungsunternehmen (aus-)

verkauft. Damit fiel zweifellos eine gewisse Behäbigkeit weg, und die Betriebe wurden sicher auch schlanker, effizienter und flexibler. Doch in gleichem Maße verloren der Staat wegweisende Leuchttürme im Hinblick auf Arbeits- und Umweltschutz und die Wirtschaft verlässliche »Felsen in der Brandung«, nämlich nachfragestabile Kunden und sichere Arbeitgeber.

2 Geld und Schulden

»Lassen Sie das Geld für sich arbeiten.«

Hypo Alpe Adria Bank, 2.2.2013

»Geld ist für die Menschen da.«

Homepage der GLS-Bank, 2.2.2013

Erst die Schuld, dann das Geld

Wir kennen es eigentlich nicht anders, als dass das Geld einfach in der Welt ist und funktioniert. Die Hyperinflation der Jahre 1922/23, als der Staat seine Finanznöte dadurch zu beheben versuchte, dass er das Geld in beliebiger Menge druckte, bis man für den Kauf eines Brotes einen Bollerwagen voller Noten ankarren musste, ist zwar längst passé, steckt uns Deutschen aber noch in den Knochen. »Geld ist wie Luft zum Atmen«, war eine Weisheit des ersten Bundesbankpräsidenten, Hermann Josef Abs. Doch macht es uns heute nicht eher beklommen, wie Geld in höchster Verzweiflung billionenfach aus dem Nichts gezaubert und zwischen Staaten, EZB und privaten Banken hin- und herjongliert wird? Konnten wir bislang das Geld als schlicht vorhanden wie die Luft ansehen, werden wir stutzig und fragen uns, woher und wie es auf die Welt kommt.

Zunächst liegt die Vorstellung nahe, das Geld, einmal in die Welt gesetzt – zum Beispiel im Zuge einer Währungsreform wie 1948, als jeder Haushalt 50 DM erhielt –, würde nichts als zirkulieren, so wie der globale Wasserkreislauf ohne Anfang und ohne Ende. Also von den Käufern zu den Unternehmen, von denen zum Personal und zu den Lieferanten. Diese wiederum kaufen den Unternehmen etwas ab und/oder sparen das Geld. Und die Ersparnisse wandern wiederum über die Banken als Kredit zu denjenigen, die mehr Geld benötigen als das, über das sie aktuell verfügen. Doch halt, etwas fehlt in dieser Lehrbuchdarstellung: Kredite werden nicht nur einfach zurückbezahlt, sondern zusätzlich mit Zinsen entgolten, die bei der Bank und bei den Sparern landen. Damit wird der Kreislauf um eine zusätzliche Geldmenge »bereichert«, deren Herkunft nur selten in der klassischen Volkswirtschaftslehre thematisiert wird. So zentral die Rolle des Geldes in unserer Ökonomie geworden ist, so flüssig und beweglich es sich in der Praxis geriert, so sehr fristet es in der Theorie nur eine Statistenrolle, nimmt beispielsweise in dem internationalen Standardwerk *Volkswirtschaftslehre* von Samuelson und Nordhaus gerade einmal vierzehn der mehr als tausend Seiten ein. Spätestens aber mit der Finanzkrise sind die Geldsummen, die ständig über den Globus schwappen, jedem bekannt und unheimlich geworden. Mit rund 5500 Milliarden Dollar täglich haben sie sich von der weltweiten Wirtschaftsleistung von rund 200 Milliarden Dollar täglich völlig abgekoppelt.

Auch in Deutschland ist die Geldmenge relativ zur volkswirtschaftlichen Jahresleistung stark gestiegen, seit 1950 um das Dreifache auf 50 Prozent der volkswirtschaftlichen Jahresleistung. Wie das, wo der Geldvorrat von Unternehmen wie Privatpersonen selten höher als ein Monatsumsatz beziehungsweise -einkommen ist? Das Geld kann also nicht aus dem Wirtschaftskreislauf heraus geboren sein.

Tatsächlich benötigt das moderne Geld, das weder an Südseemuscheln noch an Gold gekoppelt ist, keinerlei reale Grundlage mehr – es wird schlicht aus dem Nichts heraus»geschöpft« (ein Begriff der Papierherstellung, der sich auf die Banknoten bezog): Die jeweilige Zentralbank (in den Euroländern die EZB) stellt den Banken ihre Banknoten *als Kredit* (zu gegenwärtig historisch niedrigen Zinsen) zur Verfügung. Diese wiederum leiten es in barer Form an ihre Bankkunden weiter, indem diese es zum Beispiel aus dem Automaten ziehen. Aber auch ohne dieses »echte« Zentralbankgeld können die Geschäftsbanken Geld erzeugen, nämlich indem sie einen unbaren Buchkredit gewähren. Und da mittlerweile die Geldtransaktionen großenteils unbar ablaufen, agiert die Wirtschaft, Unternehmen wie Privatleute, nur nicht der »schwarze« Bereich, großenteils mit diesem Giralgeld.

Was tagtägliche Praxis ist, aber wie ein Bankgeheimnis der Öffentlichkeit kaum kommuniziert wird, erklärt viele Fragen und scheinbare Ungereimtheiten:

1. Solange eine Volkswirtschaft nicht an die Grenzen ihrer Kapazität angelangt ist, ist es weder unmöglich noch schädlich, auch ohne zuvor erfolgtes Sparen Kredite bereitzustellen. Denn Geld kann jederzeit sowohl von der Notenbank als auch von den Geschäftsbanken echt oder virtuell »gedruckt« und als Kredit bereitgestellt werden. Wäre die Finanzierung von Investitionen alleine vom vorherigen Sparvolumen abhängig, könnte die Wirtschaft gar nicht wachsen, das gesamte Leistungsvolumen aus Konsum- und Investitionsgütern bliebe konstant. Sparguthaben werden zwar auch weiterverliehen, dienen aber hauptsächlich nur der Sicherung bestimmter Bilanzrelationen der Banken und werden daher auch nur mit geringen Zinsen vergütet.

2. Der Umfang der Giralgeldschaffung wird in nur geringem Umfang durch Vorschriften hinsichtlich einer Mindestmenge an Eigenmitteln und Zentralbankgeld eingeschränkt.

3. Kredite müssen nicht an die Schaffung realer Güter wie Fabrikanlagen oder Immobilien gekoppelt sein; ihre Verwendung obliegt letztlich allein dem Kreditnehmer. Er kann sie deswegen eben auch für virtuelle Finanzprodukte wie die schon legendären Lehman-Zertifikate oder für Aktien frisch gegründeter Gesellschaften wie weiland der Internetfirmen der im März 2000 geplatzten Dotcom-Blase aufnehmen. Dies und die mangelnde »Bremsfähigkeit« der Notenbanken erklären die ungeheure Zunahme der Geldmenge, die weit über der Entwicklung der realen Produktion liegt. So wuchs die Geldmenge in den USA von 1959 bis 2003 viermal stärker als die Wirtschaftsleistung.

4. Die Geschäftsbanken verdienen relativ »leistungslos« die Zinsen der von ihnen geschaffenen Buchkredite, da sie sich ihrerseits in nur geringem Umfang bei der Zentralbank, anderen Geschäftsbanken oder Sparern verschulden und dafür Zinsen zahlen müssen.

5. Grundsätzlich wäre auch eine andere Art der Gelderzeugung möglich, nämlich indem der Staat für ihn erbrachte Personal- und Sachleistungen unmittelbar mit eigenem Geld bezahlt. Dies war die gängige Methode in früheren Königreichen und Fürstentümern und wurde in der Weimarer Zeit bekanntlich überstrapaziert, bis die Geldmenge zu der bis heute unvergessenen Hyperinflation führte.

6. Über eine sehr bequeme Art der Finanzierung verfügen Länder mit weltweit anerkannter Währung wie die USA und ansatzweise die Euroländer. Indem Erdöl in US-Dollar gehandelt wird, können so die USA diese Importrechnungen mit selbst gedrucktem Geld begleichen, was ihren Wi-

derstand gegen eine andere Basiswährung im Ölgeschäft erklärt. Der gar nicht mehr güldene Ausstoß dieses amerikanischen Goldesels modert dann in den Tresoren der Exportländer vor sich hin; alleine China stapelt davon über eine Billion, ohne diese realistischerweise jemals wieder in Form von Dienst- und Sachleistungen von den USA eingetauscht bekommen zu können. Oder er überflutet als stinkende Gülle – zu Beginn dieser Entwicklung »Petrodollar« genannt – die globale Finanzwelt und verseucht die weltweite Wirtschaft.

David Graeber hat in seinem weithin beachteten Buch *Schulden. Die ersten 5 000 Jahre* das Augenmerk darauf gelenkt, dass Wirtschafts- und Geldsysteme grundsätzlich mit Schulden einhergehen. Deutlich wird dies an den dramatisch gestiegenen Staatsschulden bei gleichzeitig immens angewachsenen privaten Vermögen, nicht nur im Falle diktatorischer Regime oder Griechenlands, wo allem Anschein nach private Vermögen in Höhe der Staatsschulden außer Landes transferiert worden sind. Dass schon im Moment der Geldschöpfung Kreditschulden generiert werden, habe ich bereits angesprochen, doch verbleibt eine Unbestimmtheit, die David Graeber zu seinem Buch bewogen hat und der hier nachgegangen werden soll: Wie können ökonomische Schulden entstehen, ohne dass im moralischen Sinne eine Schuld vorliegt?

Betrachten wir zu diesem Zweck eine simple Wirtschaft, bestehend aus einer Elektromotorenfabrik und ihrer Arbeitnehmerschaft sowie einem (ausländischen) Waschmaschinenhersteller, und wir werden erkennen, dass Schulden so natürlich wie unerlässlich sind.

Um den Wirtschafts- und Geldkreislauf in Gang zu setzen, stellt die Motorenfabrik Arbeiter ein. Zu deren Bezahlung leiht sie sich Geld von der Bank. Die fabrizierten Motoren liefert sie an den Waschmaschinenhersteller und wartet auf dessen Bezahlung. Derweil kaufen die Mitarbeiter mit ihrem Lohn Waschmaschinen, womit deren Hersteller die Forderung des Motorenlieferanten begleichen kann. Im ideellen Schluss tilgt dieser damit seinen Kredit. Dieser Kredit hat somit eine einmalige Tauschkette »gezündet«, die mit der Tilgung beendet

Geld-Leistung-Tausch-Modell: Kreditaufnahme

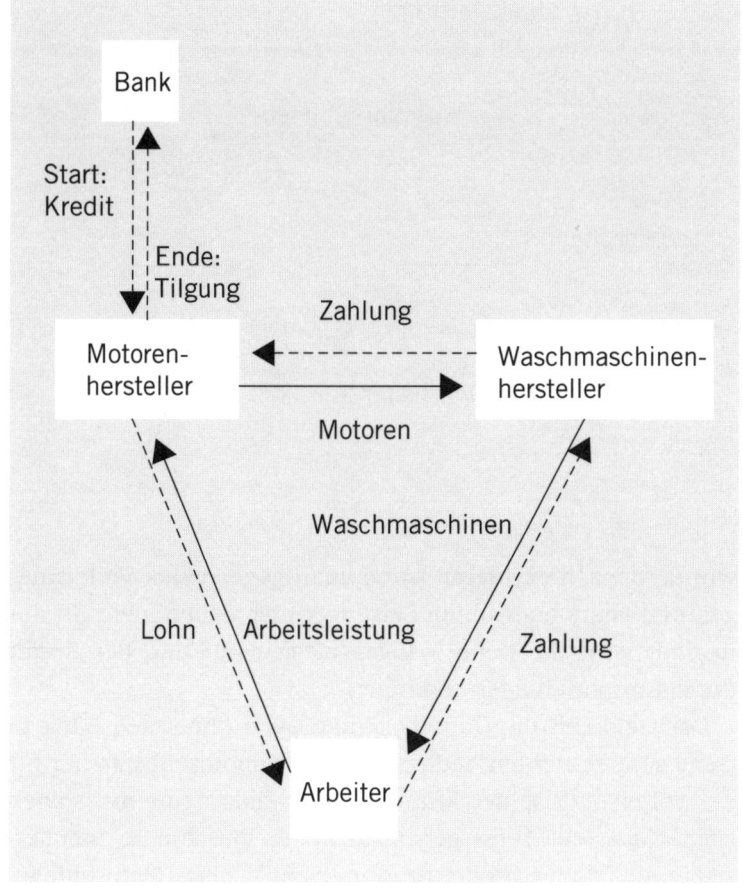

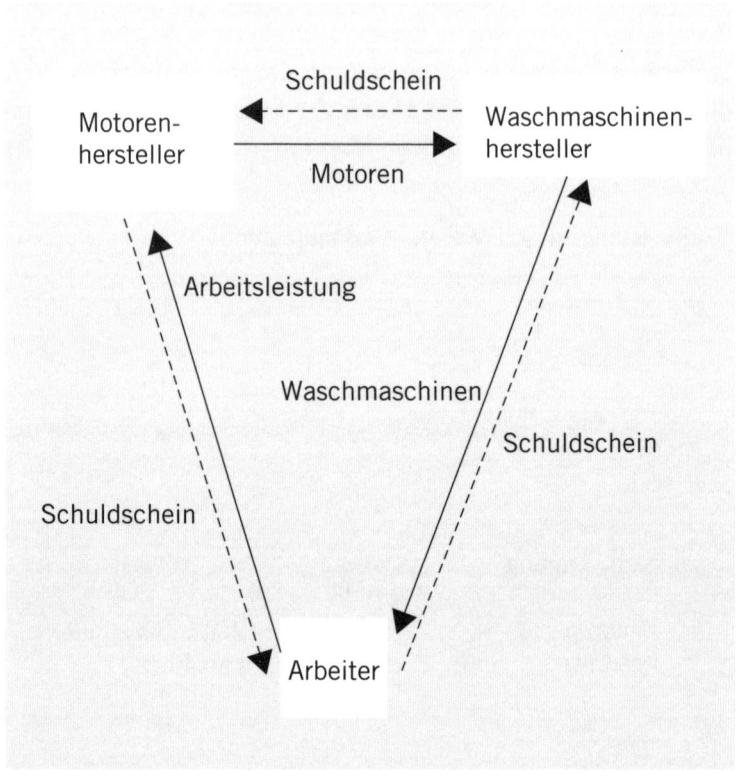

wurde; danach existieren keine unausgeglichenen Vorleistungen und keine unerfüllten Leistungsversprechen mehr. In der Realität wird die Kette beliebig ausgedehnt und der Kredit durch Umschuldungen verlängert.

Der Geld-Leistung-Tausch könnte auch ohne eine Bank in Gang gesetzt werden, indem der Elektromotorenhersteller für die Vorleistung seiner Mitarbeiter Schuldscheine auf seinen Namen ausstellt. Diese geben sie an den Waschmaschinenhersteller, der damit wiederum seine Schuld beim Motorenlieferanten ausgleicht. Der Kreis ist geschlossen, die verpflichtenden Schuldscheine sind zurück und können zerrissen werden. Hier erfüllen Schuldversprechen die Funktion des Geldes. Das ist seit Jahrhunderten in Form der Wechsel üblich und durch strenge Gesetze werthaltig abgesichert.

Drei Dinge können wir hieraus ableiten:

1. Schuldscheinen geht die Erstellung einer fremden Leistung voraus. Die bankmäßige Geldschöpfung mit einem Kredit dreht die Reihenfolge um, indem der Kreditnehmer sofort mit der Kreditschuld belastet wird und erst anschließend für das Geld Leistungen abrufen kann. Doch wird diese Schuld erst in dem Moment »werthaltig«, in dem dieses Geld als Entgelt fremder Leistungen eingesetzt und weitergegeben wird. Würde das Geld nämlich ungenutzt zurückgegeben, entfiele auch die bis dahin nur latente Schuld. Insofern schafft das kreditgeborene Geld keine anderen oder »ungerechten« Verpflichtungen als bei der Zahlung mit Schuldscheinen oder bei geld- und formlosen Tauschvorgängen wie der gegenseitigen Nachbarschafts- oder Familienhilfe. Wie dort entsteht eigentliche »Schuld« erst in dem Moment, da andere eine Leistung für mich erbringen, die ich in irgendeiner Weise honorieren muss. Das tun die Kinder, indem sie das vierte Gebot beachten, das bewirkt die ausgeprägte Geschenkkultur bei vielen Völkern, und das ist das Wesen der verlässlichen Nachbarschaftshilfe. Schon früh aber wurden solche Verpflichtungen auch quantitativ definiert, wovon laut David Graeber 5 000 Jahre alte Schuldscheinscherben aus Mesopotamien zeugen.[8] Dass die Bereitstellung und Nutzung von Geld und Kapital neben den Verwaltungskosten üblicherweise – und ebenfalls schon in Mesopotamien und in der griechischen Antike – auch mit Zinskosten behaftet ist, hat mit diesem Prinzip

grundsätzlich nichts zu tun. Die Zinsfrage werde ich in Kapitel 3 ausführlich besprechen. Da wir in einer arbeitsteiligen Gesellschaft leben, muss die Gegenleistung nicht unmittelbar vom Empfänger unserer Leistung erbracht werden, sondern kann im Rahmen der Tauschwirtschaft ebenso über Dritte erfolgen, wobei das Geld das Dokument über einen Anspruch entsprechenden Wertes symbolisiert. Immer gehen wir davon aus, dass dieser Anspruch erfüllt werden kann, dass also jeder, der (zunächst) mit Geld bezahlt hat, im entsprechenden Gegenwert auch marktfähige Leistungen erbringen kann, die über Tauschvorgänge den gewünschten Kauf ermöglichen.

2. Die bankmäßige Geldschöpfung ist einfach und flexibel: »Harte« Währung wird auf der ganzen Welt akzeptiert – im Beispiel eben auch von einem ausländischen Partner – und kann bei Bedarf in Form von Krediten sofort bereitgestellt werden. Dieses »Starterkit« soll, wie im Beispiel gezeigt, eine Kette von Tauschvorgängen in Gang setzen – und, solange das Kapital nicht zurückgegeben wird, in Gang halten. Dagegen setzen Schuldversprechen solide und allseits anerkannte Schuldner voraus, und sie sind nur in dem Umfang vorhanden, wie solche Wechsel überhaupt ausgestellt werden. Insbesondere haben neu gegründete Unternehmen einfach noch gar nicht genügend Vertrauen aufgebaut, um Schuldscheine einsetzen zu können. Vom Bankgeld hingegen wird ein solches Vertrauen in seine Werthaltigkeit als selbstverständlich unterstellt, weshalb gerade die Deutsche Bundesbank als früher eigenständig agierendes Institut und heute einflussreiches Mitglied der EZB stets größten Wert auf die Wertbeständigkeit der DM legte und sich beim Euro vehement dafür einsetzt.

3. Umgekehrt bedeutet die Entkopplung der Geldschöpfung von vorab erbrachten Leistungen aber auch den Verzicht auf

»eingebaute« Bremsen; es kann mehr davon herausgegeben werden, als letztlich wirklich für die reale Tauschwirtschaft benötigt wird.

Geld ist dann nicht mehr nur das Starterkit, das mit der Verwendung in Güter und Dienstleistungen übergeht, und später ein millimeterdünn aufgetragenes Schmiermittel, um die Tauschkette reibungslos in Bewegung zu halten, sondern wird ein eigenständiges ökonomisches Medium, so wenig zum Festhalten, wie es flüssige, »liquide« Mittel eben an sich haben. Wurde diese »Liquidität« früher durch nationale Kapitalverkehrsbeschränkungen und zeitlichen Transaktionsaufwand noch unter dem Deckel gehalten, kann sie nunmehr im Mausklicktempo über den Finanzglobus floaten und ist wegen der faktisch unbegrenzten Kredit- und Buchgeldschöpfung durch die Geschäftsbanken im Volumen beliebig ausdehnbar – eher wie ein Gas als eine Flüssigkeit.

Haben wir das Geheimnis um das Geld ein wenig lüften können? Es hat wie die einzelne Münze zwei Seiten. Es muss »Fremde« bewegen können, in Vorleistung zu treten. Das schafft es nur, wenn es einerseits, auf der attraktiven Seite, von dem Vertrauen geprägt ist, hierfür von jedem und überall eine angemessene Gegenleistung zu erhalten. Damit ruht andererseits auf dem Geld so lange eine permanente latente Schuld, diese Gegenleistung auch ermöglichen zu können, als es im Umlauf ist. Doch diese zweite, spätestens seit David Graebers Buch bekannte Schuldensicht auf das Geld ist ein grundsätzliches Merkmal jeder Gesellschaft; denn eine Gesellschaft ohne gegenseitige Vorleistungen und Verpflichtungen wäre allenfalls eine Ansammlung von Individuen. Sinnvolle Leistungen zu initiieren und abzurufen stellt keine zu sühnende moralische Schuld dar, sondern zieht ganz leidenschaftslos nur die Verpflichtung zu einer irgendwann zu erbringenden Gegenleistung nach sich. Problematisch wird allerdings die Quantifizierung der Schulden, die sie, anders als in der zahlenlosen Nachbarschafts- und Familienhilfe, zu einer absoluten, übertragbaren und unbarmherzigen Größe machen und zu gigantischen Summen anwachsen lassen kann, ohne Berücksichtigung ihrer realen Erfüllbarkeit.

Der Schuldcharakter des Geldes ist uns normalerweise nicht bewusst, besteht aber unverändert und tritt erst im Krisenfall zutage. Soweit der Staat die ihm erbrachten Leistungen mit eigenem Geld bezahlt, schiebt er damit seine eigentliche Verpflichtung zu einer Gegenleistung auf die Allgemeinheit ab – jedes Mitglied des Staates, das Leistungen zum Kauf anbietet und dem der Geldschein unter die Nase gehalten wird, ist stellvertretend für den Staat zur Lieferung verpflichtet. Wie sollte es auch anders sein, schließlich ist »der Staat« kein fremder Dritter, sondern die Gesamtheit der Bevölkerung, wie es für »die Athener« selbstverständlich war, weshalb sie ihren Stadtstaat genau so bezeichneten.[9] Achtet er aber nicht darauf, dass seine »Schuldscheine« in Form von Steuern und Abgaben wenigstens zum Teil an ihn zurückgehen, baut sich ein solch hoher Berg an Schuldscheinen auf, dass die Wirtschaft des Staates gar nicht mehr in der Lage ist, hierfür einen Gegenwert zu erbringen. Die kursierende Geldmenge wird größer als die wirtschaftliche Leistungsfähigkeit; die Folge solchen Handelns hat Deutschland als das Inflationstrauma der 1920er Jahren erlebt.

In Deutschland und in Europa erfolgt heutigentags die staatliche Geldschöpfung indirekt, nämlich indem Geschäftsbanken bei der EZB einen Eurokredit aufnehmen. Dies weist den grundsätzlichen Vorteil auf, dass die Geldschöpfung in der Regel im Zusammenhang mit Investitionen steht, von denen erwartet wird, dass das dafür eingesetzte Geld wieder zurückfließt und somit nicht die Geldmenge auf Dauer aufbläht. Eine sogar förmliche Schuld besteht hier auf zwei Stufen, nämlich beim gewerblichen Kreditnehmer wie bei der Geschäftsbank gegenüber der EZB. Dies sorgt dafür, dass eine Kreditaufnahme und damit eine Geldschöpfung nicht ins Blaue hinein erfolgt. Gleichzeitig kann die EZB entsprechend der wirtschaftlichen Situation und der Preisstabilität die Kreditvergabe mehr oder weniger attraktiv gestalten und damit die Geldschöpfung und Geldmenge steuern. Diese staatliche Steuerung kann nun allerdings von den Geschäftsbanken durch eigene, bargeldlose Kreditvergabe unterlaufen werden. Dadurch entsteht das »Giralgeld« in einem fünf- bis sechsfachen Umfang des offiziellen Eurogelds. Auf diese Weise kommt nun wesentlich mehr bargeldloses Geld in den Wirtschaftskreislauf, als von der EZB herausgegeben. Die Bürger registrieren dies schmerzlich, wenn sie in Krisen ihre Guthaben abheben wollen, die Banken aber nicht annähernd über »echtes« EZB-Geld verfügen. Nur wegen der Schöpfung des virtuellen Giralgeldes durch die Geschäftsbanken entsteht überhaupt erst das Problem der Sicherung der Sparguthaben. Ist dieser Grund den Geschäftsbanken so heikel, dass sie deswegen diese Quelle ihrer Kreditgelder kaum kommunizieren? Doch diese fast unbegrenzte und an keine reale Aktivität und Substanz gebundene Geldvermehrung ist es, die erst den Prozess von exponentiell wachsenden Kreditvergaben an die Staaten und die daraus erwachsenen Turbulenzen in der Finanz- und in der Realökonomie in Gang setzen konnte.

Der Doppelagent Geld

»Lassen Sie das Geld für sich arbeiten« ist ein in vielen Abwandlungen gern verwendeter Werbespruch der Kreditinstitute. Natürlich wissen wir, dass Geld nicht im realen Sinne arbeitet. Doch für uns persönlich hat es einen großen Wert, weil wir uns dafür die ganze Bandbreite der auf den Märkten angebotenen

Waren und Dienstleistungen kaufen können. Und diese Auswahl ist umso größer, je »wertvoller« eine Währung eingeschätzt wird. Für malawische Kwacha etwa werden wir allenfalls im Land selber lokale Güter, Gemüse oder geschickt aus alten Autoreifen geschnittene Schlappen kaufen können, für Dollar, Schweizer Franken oder Euro hingegen steht uns das gesamte internationale Angebot zur Verfügung. Geld ist so für uns einzelne Personen oder Unternehmen ein *Vermögen* (mit dem wir reale Dinge zu erwerben *vermögen)*, und als solches wird es auch in jeder Bilanz geführt.

Gleichzeitig aber betrachtet die Volkswirtschaftslehre das Geld lediglich als ein für sich wertloses *Hilfsmittel* zum einfachen *Tausch* realer Güter und Leistungen auf den Märkten. Wenn wir zum Beispiel Arbeit gegen Geld anbieten, dann nicht um seiner selbst willen, sondern um damit unser Leben bestreiten, also letztlich Arbeit gegen Wohnen, Nahrungsmittel, Reisen und so weiter tauschen zu können. In der Wirkung kann man Geld mit Schlüsseln zu Werkstätten vergleichen: Die Schlüssel selbst, egal ob aus Gold, Papier, Plastik oder als virtuelle Buchung auf dem Girokonto, haben nur Materialwert. Doch erst sie ermöglichen, dass beliebig viele Anbieter und Nachfrager sich auf den Märkten finden und damit das Wirtschaften anregen (die Werkstätten mit Leben erfüllen). Gäbe es das Medium Geld nicht, müssten wir mühsamst eine Kette gegenseitiger Leistungen und Gegenleistungen arrangieren – oder in einer Geschenkkultur leben, in der gemäß der anthroposophischen Lebensweise jeder nach seinen Fähigkeiten leistet und nach seinen Bedürfnissen konsumiert.

Doch nun kann ein Konflikt auftreten, der in der konventionellen Theorie seltsamerweise kaum thematisiert wird, obwohl er dazu angetan ist, das Wirtschaftsleben bis hin zum Zusammenbruch zu treiben. Da das Geld für den einzelnen ein praktischer wie universell nutzbarer Vermögensspeicher ist, wird es gerne zurückbehalten, um jederzeit »flüssig« zu sein für geplante, erwartete, denkbare und unerwartete Ausgaben, oder weil schlicht kein materieller Bedarf (mehr) besteht. Wenn das Geld aber nicht mehr in den Wirtschaftskreislauf zurückfließt, sondern bar oder als kurzfristig verfügbares Tagesgeld (ob nun in Deutschland oder in Steuerparadiesen) gehalten oder in Gold eingeschmolzen wird, fehlt es an anderer Stelle als Nachfrage. Im Bild der Schlüssel: Diese sind nicht mehr verfügbar und verhindern damit den Zugang zu den Werkstätten; das Wirtschaften wird eingeschränkt, obwohl Nachfrage und entsprechende Kapazität vorhanden sind.

Ganz krass ist dies gegenwärtig in Griechenland zu beobachten. Durch den extremen Mangel am Zahlungsmittel Euro liegt die inländische Wirtschaft am Boden; Angebot und Nachfrage können nicht zusammenkommen. Andererseits kann man auch nicht einfach Euro als wertlose Schlüssel an Griechenland verschenken, weil sie von deren Besitzern nicht innerhalb ihres darniederliegenden Landes eingesetzt, sondern hauptsächlich als Vermögensspeicher gehortet, ins sichere Ausland transferiert oder wie in der Vergangenheit zum Kauf von Importgütern verwendet werden würden, was alles der griechischen Wirtschaft nicht nutzen würde. Mit dem zunehmenden gesellschaftlichen Auseinanderklaffen der Vermögen und Einkommen tritt die Blockade durchaus aber auch in Deutschland und anderen ökonomisch hoch entwickelten Ländern auf. So steigen die Geld- und geldnahen Vermögen bei den Reicheren: 400 Milliarden Euro lagern in Deutschland in Form von Gold, die entsprechenden Geldmengen jedoch bei den Goldproduzenten; alleine die deutschen DAX-Unternehmen halten gegenwärtig rund 270 Milliarden Euro in der Kasse, und die US-Unternehmen verfügen über Geld in einem Umfang, der der jährlichen Wirtschaftsleistung der USA entspricht. Diese Gelder zirkulieren über den Finanzglobus, während gleichzeitig die staatlichen und immer mehr private Haushalte an Geldnot leiden und daher ihre Nachfrage drosseln müssen. Damit werden zukunftssichernde Aktivitäten für Bildung, Energieeinsparung, Umweltschutz oder Familien heruntergefahren und das auf den Binnenmarkt angewiesene kleine und mittlere Gewerbe ausgebremst.

Die Kunst der Geld-, Wirtschafts- und Steuerpolitik besteht also nicht darin, eine bestimmte zulässige Geldmenge auszurechnen und diese strikt einzuhalten, sondern sie hat dafür zu sorgen, dass die Kapazität der Wirtschaft stets optimal ausgelastet ist. Dass dieses auch möglich wäre, indem gleichsam Nachschlüssel angefertigt werden oder Schlüssel nur für brachliegende Werkstätten (zum Beispiel Branchen oder Regionen) angefertigt werden, soll später als ein Weg zu einer verträglichen Wirtschaft aufgezeigt werden.

Geld zu Billionen – und keine Inflation?

Billionen von Dollar und Euro fluten den Finanzglobus, um auch mit den prozentual geringen Margen des Geldhandels absolut hohe Gewinne machen zu können. In unserem Bild entspricht diese globalisierte und in Ländern wie Großbritannien bedeutsame Finanz»industrie« Werkstätten, die nichts als neue Schlüssel für den Zugang zu weiteren Schlüsselfabriken produzieren. Der europäische Rettungsschirm und die Hilfskredite an die südeuropäischen Länder blähen dazu auch die Geldmenge im Euroraum auf. Das Inflationsgespenst wird an die Wand gemalt, weiß man doch seit den 1920er Jahren, dass gemäß den Gesetzen des Markts ein Mehr an Geld ohne ein gleichzeitiges Mehr an Waren den Geldwert senkt beziehungsweise die Preise erhöht. Dennoch ist diese befürchtete Inflation nicht (oder noch nicht?) eingetreten, weil das Geldvermögen

»herumvagabundiert« und nicht in Güter des täglichen Lebens »eingelöst« werden will. Um das Schlüsselbild weiterzuführen: Zu Problemen kommt es erst dann, wenn ein Stau von Schlüsselbesitzern vor bereits überfüllten Produktionsstätten Einlass begehrt beziehungsweise wenn übermäßig vorhandenes Geld für eine begrenzte Menge realer Güter verwendet werden soll.

Man kann es auch sehen wie Frederick Soddy, Chemienobelpreisträger von 1921 und späterer Geldwissenschaftler: Geld ist eine dem Besitzer von der Allgemeinheit geschuldete Schuld; eine latente, also nicht unbedingt umgesetzte und umzusetzende Forderung der Geldbesitzer an die Allgemeinheit, ihnen hierfür Realgüter zur Verfügung zu stellen.[10] So schlägt die Geburtsform des Geldes als (Schuld-)Kredit auf die Allgemeinheit durch: Der Geldschöpfung steht in gleicher Höhe eine grundsätzliche Verpflichtung auf Einlösung in reale Güter und Leistungen gegenüber. Solange es nur das Bargeld von rund 200 Milliarden Euro in Deutschland ist, das jederzeit in Realgüter eingetauscht werden könnte, ist diese grundsätzlich vorhandene »Schuld« der Allgemeinheit angesichts von rund

12 000 Milliarden Euro Gesamtvermögen (Deutschland 2008) nicht besorgniserregend, doch mit dem Einbezug der bargeldlosen Kontenstände von weiteren 800 Milliarden Euro entspricht diese potentielle Schuld schon zehn Prozent des ökonomischen Gesamtvermögens oder 40 Prozent der jährlichen Wirtschaftsleistung. Noch bedrohlicher, aber gleichzeitig weniger fassbar ist die weltweit zirkulierende und kaum kontrollierbare Geldmenge. In Ansätzen erleben wir sie in Form eines Verkaufsbooms von Immobilien in Hamburg, München und Berlin an ausländische (auch griechische!) Investoren, die dort ihre gewaltigen Überschüsse an Geldvermögen in Sicherheit bringen wollen. Und da dieses unermessliche Geldvermögen praktisch auf jede Forderung einzugehen bereit ist, schlägt sich dies darüber hinaus in Preiserhöhungen für Immobilien und in Folge für die Mieten nieder: Inflation setzt ein, die Realeinkommen sinken. Auch Kunstgüter werden inzwischen weniger zur Erbauung gekauft denn als Geldanlage ins Kalkül gezogen: 120 Millionen US-Dollar für eines der vier *Schrei*-Bilder von Edvard Munch, gezahlt im Frühsommer 2012, führten zu einem Aufschrei der Empörung unter den Kulturbeflissenen, aber allenfalls zu einem Schulterzucken unter Ökonomen. Diese haben hierfür den Begriff der »asset price inflation« geprägt: der Preissteigerung für beliebte, weil vermeintlich wertstabile Geldanlagen, zu denen ferner Gold, Aktien und Anleihen solventer Staaten zählen.

Das Gemeinwesen muss also durch die Einkommens- und Steuerpolitik nicht nur für eine Auslastung seiner wirtschaftlichen Leistungsfähigkeit sorgen, sondern auch dafür, dass ein bedrohlicher Überhang an Geld erst gar nicht entsteht oder zumindest nicht zu einem schädlichen Übermaß an Nachfrage führt. Dass dies bei einem unbeschränkten grenzüberschreitenden Geldverkehr jedoch kaum mehr zu steuern ist, zeigt der beschriebene Ausverkauf der Immobilien. Immer aber wird das

Geld der delikat zu behandelnde Doppelagent bleiben – sowohl ein Vermögensspeicher, der Forderungen an Dritte beziehungsweise an die Gesellschaft impliziert, als auch ein notwendiger Zugang und Katalysator zum Wirtschaften.

Geht Deutschland pleite?

Schreckensszenarien überziehen das Land: Deutschland ist pleite; unsere Kinder erben die Last der Verschuldung von 2 000 Milliarden Euro und haben keinen finanziellen Spielraum mehr für ihre Bedürfnisse. Eine Schuldenbremse wurde ins Grundgesetz aufgenommen, nach der Bund und Länder bis zum Jahr 2020 ihre Neuverschuldung auf Null herunterfahren müssen. Bund, Länder und Kommunen werden noch mehr sparen müssen an Bildung, Infrastruktur und Sozialem. Dabei schieben alleine die Gemeinden bereits einen Renovierungsberg von rund 700 Milliarden Euro vor sich her, der eher noch höher werden wird, als dass er abgebaut werden kann.

Dieses Spardiktat geht von drei Behauptungen aus, die trotz ihrer gebetsmühlenhaften Wiederholung eindeutig falsch sind. Dennoch regt sich in der medialen Öffentlichkeit kein Aufschrei der Empörung über die machttrunkene Dreistigkeit oder die schiere Dummheit, mit der diese Lügen verbreitet werden:

1. »Deutschland ist verschuldet.« Diese Aussage stimmte nicht vor zehn Jahren, als mit der Agenda-Politik die einseitige Belastung der Arbeitnehmer und die gleichzeitige finanzielle Hofierung der Konzerne mit Steuersenkungen und sogar Steuerrückerstattungen in Milliardenhöhe einsetzte, und sie widerspricht mittlerweile diametral der Wirklichkeit: Nicht Deutschland als Land ist verschuldet, sondern

nur die öffentlichen Haushalte als ein (allerdings beträcht-
licher) Posten der deutschen Volkswirtschaft. Dagegen weisen die übrigen Vermögensgruppen Deutschlands (Banken,
Unternehmen und Private) ein so erhebliches Plus auf, dass
über viele Jahre hinweg ein Nettoüberschuss von rund 100
Milliarden Euro unter dem Strich resultierte. Innerhalb der
letzten zehn Jahre sogenannter Standortpolitik jedoch
schoss dieser sogar auf rund 1 000 Milliarden Euro hoch.
Deutschland lebt und lebte also selbst im letzten Jahrzehnt
der verdoppelten Staatsschulden absolut nicht über seine
Verhältnisse; es avancierte vielmehr zu einem der stärksten
Nettogläubiger der Welt, weshalb deutsche Banken auch so
großzügig Kredite an die südeuropäischen EU-Länder ver-
geben konnten. Bei aller berechtigten Kritik an der teilweisen Verschwendung öffentlicher Mittel wäre es selbstmör-
derisch, die materielle, geistige und soziale Infrastruktur
unseres Gemeinwesens tot sparen zu lassen, nur weil das
Geldvermögen extrem ungleich zwischen dem privaten
und dem öffentlichen Sektor verteilt ist, im Ganzen aber
weit mehr als ausreichend für eine gedeihliche Entwicklung des Landes.

2. »Wir dürfen unsere Kinder nicht belasten.« Den Staatsschulden stehen in gleicher Höhe die Vermögen der Gläubiger gegenüber. Und diese Gläubiger werden ihre gewaltigen
Forderungsberge mit Zins und Zinseszins an ihre Kinder
vererben. Wenn sich unsere Politiker rührend um »unsere«
von Schulden belasteten Kinder sorgen, werden damit
kaum die eigenen und die ihrer Parteifreunde gemeint sein.
Wären diese tränenreichen Sorgen um das Kinderwohl
ernst gemeint, brauchten diese Politiker lediglich vorzu-
schlagen, dass die Gläubiger den Teil ihrer Forderungen,
auf den sie nicht angewiesen sind, ihrem Staat zur Verfügung stellen – sei es in Form von höheren Steuern auf Geld-

vermögen, die derzeit mit 25 Prozent niedriger liegen als der Grenzsteuersatz für jeden etwas besser gestellten Arbeitnehmer, oder zumindest eines längerfristigen Zinsverzichts.

3. Doch sobald es ans Geld der reichen Gläubiger gehen soll, wird das dritte »Haltet-den-Dieb«-Argument aus der Mottenkiste hervorgeholt: »Steuererhöhungen sind Gift für die Konjunktur und gefährden Arbeitsplätze.« Das trifft sicher für die kleinen und mittleren Einkommen und Unternehmen zu, doch nicht für die ganz großen Vermögen. Die besonders den Konzernen zugedachten Lohnkosten- und Unternehmenssteuersenkungen aus zehn Jahren Standortpolitik – sie führten eben kaum zu zusätzlichen Arbeitsplätzen, sondern überwiegend zu aufgeblasenen Preisen für Unternehmensübernahmen, bei denen lediglich Geld von einer Tasche in die andere wechselte, und zu einer an die halbe Billion heranreichenden Liquiditätsschwemme, die sich statt in Sachinvestitionen in Lehman-Zertifikate, Schrottimmobilien und Südeuropakredite ergoss und damit überhaupt erst den Sprengstoff für die Finanzkrise auftürmte.

Tatsächlich gibt es Ansätze, diese unermessliche, der Mehrheit der Haushalte und Unternehmen über Jahre entzogene Liquidität besser anzulegen, als sie auf dem Finanzglobus herumschwappen zu lassen oder in dubiosen Renditeversprechen zu versenken. Die IG Bau schlug schon vor Jahren ein zinsloses langfristiges Abschöpfen dieser unproduktiven Geldvermögen für staatliche Zukunftsinvestitionen anstelle einer andernfalls unumgänglichen Steuererhöhung vor. Maximilian Gege, Professor für Umweltmanagement und Präsident des ökologischen Unternehmensverbandes B.A.U.M., entwickelte ein 700-Milliarden-Euro-Energieprogramm zur umfassenden Einsparung von Erdöl und Erdgas, dessen Rendite von gut 5 Prozent pro anno zwar nicht den Vorstellungen der Finanzjongleure entsprechen mag, aber im Gegensatz zu deren virtuellen »Produkten« erstens sicher und zweitens von dauerndem Nutzen für die Wirtschaft und die Bürger Deutschlands wäre. Und seit 2012 setzt sich das Bündnis »Umfairteilen« für die sogenannte Reichensteuer ein.

Eines darf füglich angenommen werden: Die mit diesen Vorschlägen einhergehende Belebung der Binnenwirtschaft ließe die Steuereinnahmen sprudeln und die Staatsverschuldung vergessen machen, bevor sie von ignoranten, blinden und unfähigen »Experten« als Anlass für eine Politik missbraucht werden würde, die unseren Kindern ein vielleicht schuldenärmeres, aber heruntergekommenes Gemeinwesen hinterließe. In diesem hätten dann selbst die reichen Erben keine Freude mehr an ihrem Vermögen; und dieses wäre die echte Pleite.

Können wir unsere Zukunft kaufen?

Sind die Renten sicher? Eine Frage, die von vornherein als negativ beantwortet gilt. Denn die demographische Entwicklung und das Schwinden der durchgehenden sozialversicherungspflichtigen Beschäftigung nagen an ihr, und der Abschluss privater kapitalgedeckter Lebensversicherungen wird als Ausgleich angeboten und staatlich gefördert. Das ist freilich nichts Neues. Schon aus der Wilhelminischen Zeit stammt der noch heute geläufige Begriff der »Rentenpapiere«: sichere Geldanlagen, von denen die wohlhabenden »Rentiers« zehrten, im günstigen Fall reichten schon die Zinsen – bis der Erste Weltkrieg und spätestens die anschließende Inflation alle schönen Papiere in Makulatur verwandelten. Wohl denjenigen, die ihr Geld, wenn auch zu niedrigen Zinsen, in der

Schweiz oder in – allerdings starken Preisschwankungen unterworfenem – Gold anlegten. Oder in Sachwerte – vorausgesetzt, diese ließen sich auch »versilbern« und wurden nicht wertlos wie unvermietbare Immobilien in strukturschwachen Räumen.

Kurzum: Eine materielle Absicherung der Zukunft kann nichts und niemand garantieren. So ist es geradezu betrügerisch, den Riestersparern vorzugaukeln, ihre Zahlungen sicherten ihre (!) Rente. Denn ihre Zahlungen fließen in die heutige (!) Welt der Finanzen und Wirtschaft, ohne irgendeine Garantie dafür, dass sie davon später einen realen Nutzen hätten. Tatsächlich sichert der Kauf von Aktien oder das Horten von Geldscheinen fürs Alter zunächst nichts mehr als alljährliche Kaffeefahrten zur Hauptversammlung beziehungsweise den Rohstoff künftigen Papierbreis. Ob realer Nutzen wie Pflege, Nahrung, Wohnen, Kultur- und Naturgenuss aus dieser Geldanlage erwachsen, hängt jedoch ganz und gar von den realen Verhältnissen der zukünftigen Wirtschaft, Gesellschaft und Umwelt ab. Diese aber können nicht einfach mit Geld gekauft werden, das lediglich einen Anspruch auf *jetzt* käuflichen Nutzen garantiert, sondern müssen *gestaltet und gepflegt* werden. So ließen sich mit dem Geld eine nachhaltige Bedarfsdeckung, etwa an Energie und gesunden Lebensmitteln, eine gesellschaftlich und individuell weit angelegte Ausbildung und eine gerechte Weltordnung erhalten und schaffen.

Doch die Praxis vieler angloamerikanischer Pensionsfonds mit ihren hohen Renditeanforderungen droht die Mit- und Umwelt dermaßen auszupowern, dass die heutigen Einzahler auf ihren Kontoauszügen überdurchschnittliche Zuwächse ihres Vermögens verzeichnen, im Alter jedoch in einer physisch und gesellschaftlich kaputten Welt leben, in der sie keinen Pfifferling und keine Pflege mehr wert sind. Auch bei uns ist zu fragen, ob die Zukunft nicht im engsten Sinne gefährdet ist, wenn vorgebliche ökonomische »Not«wendigkeiten über familienfreundlichen Arbeitsverhältnissen rangieren. Man mag fast sagen, dass die Zukunft der gegenwärtig arbeitenden Generation umso gefährdeter ist, je mehr Geld sie für ihr Alter verdienen will.

Nicht nur diese Gier nach maximaler Rendite treibt die Unsicherheit von Geldanlagen jeglicher Art auch ohne Krieg und andere Katastrophen voran. Es liegt auch am geographischen, politischen und gesellschaftlichen Ausdehnungsdruck der Ökonomie: In einer rundherum ökonomisierten Welt ist kein Bedürfnis mehr ohne Preis vorstellbar, jegliche Bedürfnisbefriedigung wird zu einem »Produkt«, das freilich auch nur dort und dann angeboten wird, wo und wenn es rentabel ist. Die dabei entstehende und ständig wechselnde Unzahl ökonomisierter Produkte im persönlichen Bedürfniskalkül und auf den Märkten lassen jede Verlässlichkeit auf Preise wie Art der Angebote schwinden. Was ist ein in Festgeld, Rentenpapieren, Aktien oder Lebensversicherungen angelegtes Vermögen wert, wenn man im Alter hierfür zwar ein Häuschen auf dem Lande erwerben kann, es dort aber keine ärztliche, kulturelle und materielle Versorgung mehr gibt, in der Stadt aber ein betreutes Wohnen unerschwinglich teuer geworden ist?

Die Ökonomie entzieht sich unmerklich und geschickt der in sie gesetzten Erwartung, für einen festen Gegenwert des Geldes zu sorgen. Gewiss, irgendetwas bietet sie immer gegen Geld an, davon lebt sie. Aber ob es das ist, was wir uns einmal vorstellten, kann sie nicht versprechen. Und vielleicht wissen wir es selbst nicht einmal mehr, verändert die Ökonomie doch permanent unsere eigenen Wünsche und Vorstellungen dergestalt, dass wir uns ihr unmerklich anpassen. So hat sie unsere Kaufbereitschaft mehr und mehr von handfesten Dingen hin zur eher virtuellen Nutzung von Rechten wie der mobilen Kommunikation verlagert. Damit verbleibt es eine eher philosophische Frage, ob die Zukunft, die wir uns für Geld zu kaufen meinen, überhaupt noch »unsere« Zukunft ist.

3   Zinsen und Rendite

Hätte Jesu Vater Joseph zur Geburt seines Sohnes ein Sparbuch mit einem
Penny Guthaben angelegt und wäre es nie angegriffen worden, wiese es
heute dank Zins und Zinseszins (von 5 Prozent p.a.) ein Vermögen auf, das
dem von 150 Millionen Erdkugeln voller Gold entspricht.

Die Gleichung vom Josephspfennig, 1772

»Wer arbeitet, muss mehr haben, als derjenige, der nicht arbeitet. Das muss
man in Deutschland noch sagen dürfen. Alles andere ist Sozialismus.«

Guido Westerwelle im Februar 2010

Warum kostet Geld?

Einsichtig ist, dass ein Bankkredit Verwaltungsarbeit mit sich bringt und mit einem gewissen Ausfallrisiko verbunden ist, dass er daher Kosten verursacht, für die der Schuldner aufkommen muss. Doch darum geht es hier nicht. Auch soll die Inflation als weitere Komponente des Zinses ausgeklammert werden. Die Wirtschaftswissenschaften nennen uns die sogenannte Liquiditätsprämie als den eigentlichen (Ur-)Zins, also den finanziellen Ausgleich für den Verlust an Handlungsfähigkeit während der Zeit der Geldleihe. Denn »flüssig« beziehungsweise liquide an Geldmitteln zu sein bedeutet, sie jederzeit für fast jede Form von

Gütern und Dienstleistungen einsetzen zu können. Diese Bandbreite an Verwendungsmöglichkeiten büßt jedoch ein, wer sein Geld in Form von Sparguthaben, Anleihen oder Krediten anderen zur Verfügung stellt, und er will hierfür einen Ausgleich in Form des Zinses. Doch erst die sogenannten »Freiwirtschaftler« – die Anhänger einer von dem Finanztheoretiker Silvio Gesell (1862–1930) begründeten Bewegung zur Abschaffung des Zinses, die erstmals und einzig dieses Konzept 1932/33 in der österreichischen Kleinstadt Wörgl erfolgreich praktizieren konnten – weisen darauf hin, dass diese reiche Verwendungsmöglichkeit von Geld nicht ein Verdienst der Geldbesitzer, sondern der Allgemeinheit geschuldet ist.[11] Diese nämlich hat über Generationen hinweg Unternehmen aufgebaut, Infrastrukturen geschaffen, die Menschen (aus-)gebildet und so erst den »Supermarkt Deutschland« hingestellt. Dafür könnte sie eine Prämie (»Liquiditätskosten«) genauso beanspruchen, wie selbstverständlich jeder Haushalt eine monatliche Grundgebühr dafür bezahlt, dass er dank Kraftwerken und Leitungsnetzen jederzeit auf Strom, Wasser und Gas zugreifen kann. Auch kann man argumentieren, dass die Sicherung von Vermögen üblicherweise einen Aufwand bedingt, das Frischhalten der Apfelernte genauso wie der Erhalt eines Hauses. Der Geldgeber kann nach dieser Sicht also ohnehin froh sein, wenn der Kreditnehmer so gut mit dem Geld wirtschaftet, dass er den Wert des Geldvermögens erhält; ein Anspruch auf einen Zins gar oberhalb der Inflationsrate bestünde hiernach keinesfalls.

Unter dem Strich würden sich dann Liquiditätsprämie und -kosten in etwa ausgleichen. Wer hingegen sein Geld nur bar oder auf einem Girokonto hält, müsste sogar mit einem negativen Zins, nämlich der Prämie an die Allgemeinheit, rechnen, so dass sie oder er eher geneigt sein wird, das Geld rasch wieder auszugeben. Genau dies sehen die Verfechter eines solchen »Schwundgelds« als vorteilhaft für die Wirtschaft an, wird sie hiermit doch in Schwung gehalten – was übrigens auch für eine Umbenennung des negativ besetzten Wortes »Schwundgeld« in ein motivierendes »Schwunggeld« spräche. Ein Euro wird heute im Schnitt einen Monat gehalten, die nach diesem System konzipierten Regionalwährungen wie der Chiemgauer kommen auf einen etwa dreimal schnelleren Geldumlauf. Hiermit kommt der volkswirtschaftliche Charakter von Geld als aktivierendem Schlüssel zu den Werkstätten wesentlich stärker zur Geltung, während seine einzelwirtschaftliche Eigenschaft als inaktiver, das Wirtschaftsgeschehen eher blockierender Vermögensspeicher zurückgedrängt wird.

Gemeinhin wird der Zins auch aus dem Renditeanspruch abgeleitet. Der Unternehmenseigner erwartet, dass sein investiertes Geld nicht nur seinen Wert behält, sondern darüber hinaus einen Gewinn abwirft, so wie ein Obstbaum jährlich seine Früchte (vgl. »fructus«, lateinisch auch für Gewinn). Und diese Rendite auf die eigenen Mittel, das Eigenkapital, hat schon längst den ominösen Wert von 25 Prozent pro anno erreicht, den Josef Ackermann vor Jahren als Ziel der Deutschen Bank verkündete.[12] An diesem Gewinn möchten selbstverständlich diejenigen, die zum Gewinn beitrugen, beteiligt werden. Der Staat tut es in Form der Steuern, die Mitarbeiterinnen und Mitarbeiter erwarten Boni und die Kreditgeber ordentliche Zinsen, die deutlich über den Sparzinsen liegen. Nur die Käufer der Waren, die die in den Preisen enthaltenen Zinsen und Gewinne bezahlen, sie werden nicht beteiligt.

Endet der Zinseszins oder endet erst die Welt?

Solange die erhaltenen Zinsen und Gewinne wie die alljährlichen Früchte verbraucht werden, besteht ihre reale Wirkung darin, dass der private Schuldner beziehungsweise die Käufer für diesen Konsum aufkommen, während das Kapital (bei den Römern: der »Stamm« im Gegensatz zu den »fructus«, dem jährlichen Gewinn, daher auch der Begriff des »Stammkapitels«) unverändert bleibt. Einen Treibsatz erhält das Zins-/Gewinnsystem in dem Moment, in dem die »fructus« nicht aufgebraucht, sondern wiederum gegen Zinsen verliehen beziehungsweise »rentabel« im Betrieb eingesetzt werden, womit sich das Kapital unaufhörlich vermehrt. Noch nicht an Saatguthersteller gebundenen Bauern ist die Wirkung geläufig: Indem sie stets mehr von ihrem Korn zurückbehalten, als zur Bestellung des bisherigen Feldes erforderlich, können sie Jahr um Jahr zusätzliche Flächen bestellen, bis … ja, bis alle geeigneten Flächen genutzt sind.

In der Finanzwelt ermöglichen nicht abgehobene Zinsen eine laufende Kapitalvermehrung. So erhielt man zum Beispiel bei den früheren Bundesschatzbriefen Typ B (mit Zinsakkumulation) nach sieben Jahren deutlich mehr, als man ursprünglich eingezahlt hatte. In der Wirtschaft werden die Gewinne in Markt- und Produktionsausweitungen oder in Automatisierungen reinvestiert, womit folglich die Gewinne wieder weiter ansteigen (sollen). Doch auch hier gibt es Grenzen, seien es ebenfalls die Flächen, die Roh- und Energiestoffe, die Fachkräfte … und der Absatz der Produkte, denn auch der Konsum kann nicht ins Unendliche gesteigert werden. Oder doch?

Hiermit stoßen wir auf das wesentliche Merkmal der modernen Ökonomie: die Transformation grundsätzlich aller Lebensbereiche in ökonomische Felder, in die wechselweise Kapital investiert und daraus Gewinne beziehungsweise Zinsen gezogen werden können. Sah Marx in dem von den Großgrundbesitzern Englands erzwungenen Übergang von der Substistenzwirtschaft in die gewinnorientierte Wollerzeugung die erste »Landnahme« des Kapitalismus, beschäftigte sich gerade Rosa Luxemburg mit seiner geographischen und strukturellen Aus-

dehnung auf ökonomische Brachen (»äußere Landnahme«). Dies sehen wir heute etwa an der privaten Ausbeutung von Ölschiefersänden, aber auch daran, dass Fernsehshows als rentable »Formate« vermarktet werden oder immaterielle Internetanwendungen wie Google und Facebook zu billionenschweren Aktiengesellschaften gemacht werden. Seit einigen Jahrzehnten weist diese Landnahme eine gefährliche neue Qualität auf, indem sie gerade auf solche Institutionen zielt, die bislang Puffer und Wälle gegenüber der Ökonomie bildeten.[13] Jetzt gehen bis dahin der Allgemeinheit gehörende Stadtwerke teilweise zu Schnäppchenpreisen an private Käufer über, bis dahin nicht einmal von der Natur genutzte elektromagnetische Frequenzen werden vom Staat als Mobilfunkbereich definiert und für 100 Milliarden DM versteigert, längst vorhandene Gene zu lukrativem Eigentum der Entdecker erklärt und Abfall, Energie und – wenn es nach der EU-Kommission ginge – Wasser dem kapitalistischen Markt ausgeliefert.

Weitere »Reserveflächen« zur Anlage der hieraus erhaltenen Gewinne und Zinsen werden schon vorbereitet und angedacht: die schrittweise Umwandlung der auf Gegenseitigkeit beruhenden Renten- und Krankenversicherung in Kapitalgesellschaften, der Verkauf der Deutschen Bahn und der abschnittsweise erfolgende Verkauf des Autobahnnetzes an private Eigner (mit der Lkw-Maut wurden alle technischen Voraussetzungen für dessen Privatisierung und für eine künftige Gewinnerzielung geschaffen), die private Kreditfinanzierung der Ausbildung, in den USA bereits selbstverständlich mit Summen um die 100 000 Dollar.

Als eine spezielle Form der Landnahme kann auch die Staatsverschuldung angesehen werden. Durch die Steuersenkungen auf Vermögen und hohe Einkommen wurden einerseits erhebliche private Mittel frei, andererseits geriet der Staat ins Defizit. Wenn nun auf das Kapital nur noch geringere verlorene Steuern fällig waren – was lag da näher, als in sichere und Zinsen bringende Staatsanleihen zu investieren? Die vermutlich nicht unerwünschte, wenn nicht sogar beabsichtigte Folge der seit den 80er Jahren betriebenen Politik der Steuersenkungen ist nicht nur der defizitbedingte Verkauf staatlicher Unternehmen, sondern eine vermehrte Abhängigkeit des Staates vom Kapital.

Der letzte Akt dieser Landnahme mag analog zum Mobilfunk der Verkauf von Luft- und Sonnennutzungsrechten werden. Doch selbst das müsste kein Ende des Zinseszinses sein. In der Finanzkrise erlebten wir nämlich den genial erscheinenden Prozess, Geld so lange zu beackern und umzupflügen, bis es, in artifizielle »Produkte« wie Wetten auf Aktienkurse, Zinssätze, Wechselkurse oder Rohstoffpreise gesteckt, selbst zu einer Anlage wurde. Und da Geld, wie zu Beginn des vorigen Kapitels erläutert, ohne Beschränkung, rein rechnerisch wie beliebige Zahlen gebildet werden kann, ist hier der Vermehrung keine grundsätzliche Grenze mehr gesetzt; der Josephspfennig könnte beliebig über das Universum hinaus vermehrt werden. Es sei denn, wir kehrten zur römischen Zahlschrift ohne die Nullen zurück, mit der die Computer genauso erhebliche Probleme hätten wie die Menschen, Größenordnungen von mehr als tausend (M) überhaupt erfassen zu können. Tatsächlich aber haben in der Vergangenheit kriegerische, wirtschaftliche und politische Katastrophen das Wunder des Josephspfennigs verhindert. Oder ist es gerade dieser, der zu den Katastrophen führte?

Der Skandal hinter der Statistik: Die heimliche Umverteilung von unten nach oben

Ein erster Blick in die Statistik zeigt über die vergangenen 20 Jahre erfreulicherweise einen Anstieg aller Einkommen, ein zweiter Blick offenbart dabei aber erhebliche Unterschiede im Zuwachs: Die Unternehmenslöhne, der fiktive Gewinnanteil für die Managementleistung der persönlichen Gesellschafter, und die Vermögenseinkommen stiegen um 85 Prozent, die Arbeitnehmerentgelte nur um 50 Prozent, in den vergangenen zehn Jahren real sogar überhaupt nicht. Ihr Anteil am Volkseinkommen schrumpfte damit von 71 Prozent auf 66 Prozent, was einer Einbuße von jährlich fast 100 Milliarden Euro entspricht. Auf der anderen Seite zweigen die leistungslosen Vermögenseinkommen (also ohne die Unternehmerlöhne) mittlerweile ein Viertel des von arbeitenden Menschen erwirtschafteten Volkseinkommens für sich ab, und die Vermögensverteilung mit 53 Prozent des Vermögens in den Händen von zehn Prozent der Haushalte bewegt sich in Richtung US-amerikanischer Verhältnisse, wo das reichste Hundertstel der Bevölkerung über mehr als ein Drittel des gesamten Volksvermögens verfügt.

Vermögensverteilung in Deutschland 1998 – 2008
nach Haushaltsklassen, in Prozent (Klassen 2-5 und 6-10
zu Durchschnittswerten zusammengefasst)

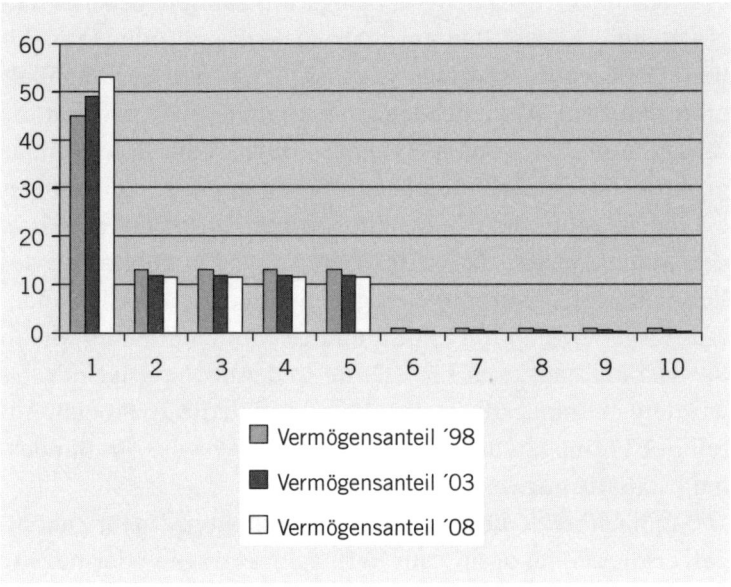

Dies ist ein mittlerweile bekannter und politisch offensichtlich akzeptierter Sachverhalt, auch wenn der jüngste »Armuts- und Reichtumsbericht der Bundesregierung« von 2012 selbst auf Regierungsseite zarte Ansätze einer minimalen Korrektur zugunsten der weniger privilegierten Teile der Gesellschaft in

Form von Stiftungen und Spenden angeregt hat. Doch dass darüber hinaus in einem noch viel größeren Umfang von über 200 Milliarden Euro die Vermögen Jahr für Jahr von unten nach oben alimentiert werden, ohne dass dieser Fluss überhaupt erkannt geschweige denn thematisiert wird, müsste ein Fressen für jeden investigativen Journalisten sein. Worin besteht dieser »Skandal«?

Der geschrumpfte Anteil der Lohneinkommen muss ja noch nicht einmal eine Benachteiligung der Arbeitnehmer sein, sind diese doch vielfach gleichzeitig Vermögensbesitzer, sei es in Form von Sparbüchern, Belegschaftsaktien, Lebensversicherungen, Riester-Renten, Bausparverträgen oder Immobilien. Und genau an diesen wird die Tragweite des Skandals offensichtlich: Wie jeder Eigenheimbauer weiß, machen die Zinsen auf den aufgenommenen Hauskredit den weitaus größten Teil seiner monatlichen Belastung aus, viel weniger als die Tilgung und die Instandhaltung. Das spiegelt sich in den Mieten wider, die weitestgehend als Zinszahlungen des Vermieters an die Kreditgeber gehen. Aber auch in allen anderen Ausgaben sind die Zinsen und Gewinne enthalten, die in der Herstellungskette für Kredite und Anteilseigner gezahlt wurden, im bundesdeutschen Mittel genau die 26 Prozent Anteil der Vermögen am Volkseinkommen, wie sie die Bundesbankstatistik ausweist.

Damit verbleibt die Frage, in welcher Richtung mehr Zahlungen erfolgten, ob positiv aus Vermögenserträgen oder negativ über die Mieten, Eigenheimbelastungen und Preise für sonstige Konsumgüter. Sehr eindeutige Antworten hat Helmut Creutz in seinem Buch *Das Geld-Syndrom* schon für das Jahr 1990 geliefert. Seine Aktualisierung auf 2007[14] lautet: Unterteilt man die Haushalte Deutschlands in zehn zahlenmäßig gleich große Gruppen unterschiedlich hoher Vermögen und Einkommen, so erhielten nur die beiden reichsten Gruppen mehr Zinsen und

Gewinne aus ihrem Vermögen, als sie umgekehrt in Form von Zinsen und Gewinnen über ihren Konsum entrichten mussten, nämlich 255 Milliarden Euro. Die verbleibenden 80 Prozent aller Haushalte hingegen zahlen bei diesem System mit eben diesem Betrag zu.

Eine eigene Abschätzung, die primär vom Volkseinkommen statt wie bei Creutz von Vermögenswerten ausgeht und daraus den leistungsbegründeten Unternehmerlohn herausrechnet, kommt zu zwar niedrigeren, aber immer noch skandalösen Ergebnissen (auf Basis des Volkseinkommens von 2010)[15]:

1. Die reichsten 20 Prozent der Haushalte erhalten über ihre Kapitaleinkommen jährlich rund 215 Milliarden Euro mehr, als sie ihrerseits an Zinsen und Gewinnen über ihren Konsum abführen. Davon entfallen alleine 183 Milliarden Euro auf die obersten zehn Prozent, was jährlich rund 45 000 Euro pro Haushalt entspricht.

2. Schon die drittreichste Zehn-Prozent-Gruppe, der vermeintlich bessere Mittelstand, zahlt bei dem Zins-/Gewinnsystem mit knapp 10 Milliarden Euro zu, was 2 500 Euro pro Haushalt und Jahr entspricht.

3. Die bei weitem größte Last jedoch tragen die untersten 70 Prozent mit 205 Milliarden Euro. Auf jeden Haushalt entfallen somit 7 300 Euro beziehungsweise 600 Euro pro Monat. Da Konsumausgaben und die darin enthaltenen Zinsen und Gewinne aus dem Nettoeinkommen von rund 1 400 Euro zu bestreiten sind, würde dieses ohne diesen heimlichen Gewinn-/Zinstransfer um mehr als 40 Prozent auf 2 000 Euro pro Monat steigen!

Vermögenserträge gegen Zins- und Gewinnanteile in den Konsumausgaben unterschiedlich reicher Haushaltsgruppen Deutschlands, in 1.000 € pro Haushalt und Jahr, 2009/10

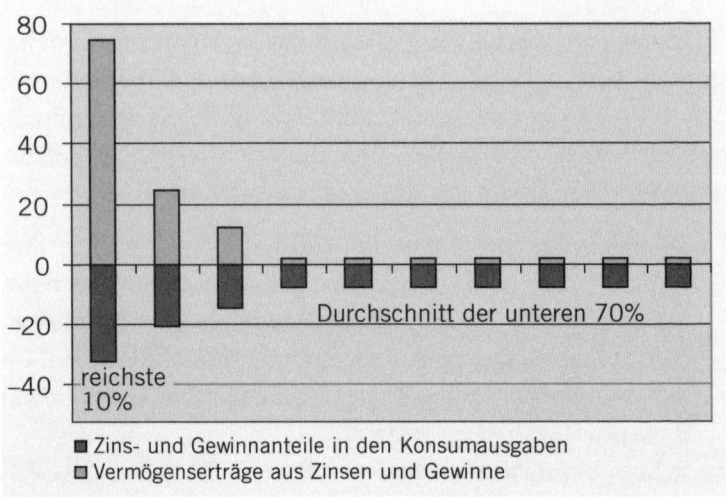

■ Zins- und Gewinnanteile in den Konsumausgaben
□ Vermögenserträge aus Zinsen und Gewinne

Doch damit nicht genug der heimlichen Bereicherung: Wie nämlich eine Abschätzung von Marie-Luise Hauch-Fleck für 2004 zeigt,[16] zahlen die wohlhabenden Haushalte ohnehin nicht mehr Steuern an den Staat, als sie von diesem in Form von Zinsen für Staatsanleihen zurückerhalten. Es ist angesichts der mittlerweile zugespitzten Ungleichverteilung von Einkommen und Vermögen und der seitdem um 40 Prozent weiter gestiegenen Staatsverschuldung sicher anzunehmen, dass diese Aussage unverändert Gültigkeit hat.

Fazit: Die von Guido Westerwelle und anderen wiederholt beklagte Umverteilung von den »Leistungsträgern« zu den leistungslosen (Sozialhilfe-)Einkommen – sie erfolgt nur innerhalb der unteren 80 Prozent der Haushalte. Die oberen 20 Prozent jedoch profitieren doppelt von den leistungslosen Zinsen und Gewinnen: Erstens lassen sie sich ihren Nettozufluss an Kapitaleinkommen mit rund 215 Milliarden Euro jährlich (2010) von den übrigen Haushalten finanzieren, zweitens erhalten sie ihre Steuern über die Zinsen für ihre Kredite an den Staat in gleicher Höhe zurück, beteiligen sich also netto überhaupt nicht an den Aufgaben des Staates. Schon der »bessere Mittelstand« (die drittreichste Zehn-Prozent-Gruppe) macht ein Minus von 2 500 Euro pro Haushalt und Jahr. Doch die eigentliche Zeche bei dem Gewinn-/Zinssystem unserer Ökonomie zahlen die finanziell gesehen unteren 70 Prozent der Bevölkerung mit jährlich 205 Milliarden Euro beziehungsweise 7 000 Euro pro Haushalt. Die angeblich leistungslosen Hartz-IV-Bezüge, die Verschuldung der ärmeren Haushalte und der öffentlichen Haushalte – sie sind letztlich nur ein Spiegelbild der leistungslosen Einkommen aus Zinsen und Gewinnen. Ohne diese heimliche Umverteilung könnte ein großer Teil der Sozialleistungen entfallen und damit das unwürdige Hartz-IV-System ausgetrocknet werden, die Staatsverschuldung ohne an die Substanz gehende Einsparungen oder weitere Privatisierungen der »Commons« heruntergefahren werden.

Ulrike Herrmann, Wirtschaftsredakteurin der *taz,* hat erkannt und in ihrem Buch *Hurra, wir dürfen zahlen* treffend beschrieben, wie die Vermögensumverteilung nach oben auch zu Lasten der Mittelschicht erfolgt, die sich fälschlicherweise als Opfer einer Umverteilung nach unten wähnt. Nun ist auch die Ursache für diese Täuschung offensichtlich, nämlich die Zahlung der Zinsen und Gewinne über die Preise. Diese wirkt zusätzlich, stärker und umfassender als die primäre und für sich schon sehr ungleiche Einkommensverteilung, taucht aber nirgends auf, weil dieser Mittelzufluss in den Konsumausgaben enthalten ist und von der volkswirtschaftlichen Gesamtrechnung nicht erfasst wird; sie erfolgt vielmehr klammheimlich hinter den Kulissen der amtlichen Statistik, »auf den ersten Blick nicht sichtbar«.[17] Sie erklärt auch, weshalb die ungleiche Verteilung der Vermögen noch wesentlich krasser ist als die der Einkommen.

An diesem Transfer von unten nach oben haben die Wohnungskosten absolut und wegen ihres hohen Zinsanteils von etwa zwei Dritteln den größten Anteil. Doch wer ahnt schon, dass Autos nicht nur Personen befördern, sondern ebenfalls ganz erheblich die Umverteilung? Viele meinen, mit dem Kauf eines Autos etwas Gutes nicht nur für sich, sondern auch für den Erhalt von Arbeitsplätzen zu tun. Tatsächlich aber fließen vom stolzen Nettopreis eines Autos (also nach Mehrwertsteuer) maximal 50 Prozent an die Arbeitnehmer, die andere Hälfte, rund 100 Milliarden Euro jährlich, an das Kapital![18] Wer also etwas für die Arbeitsplätze tun will, lässt sein altes Auto besser von Kfz-Mechanikern in der Werkstatt instand halten, als sich ein neues vom vollautomatisierten und hochkapitalisierten Fließband zu kaufen. Wie die Berechnungen des in Koblenz lehrenden Wirtschaftsmathematikers Jürgen Kremer zeigen, muss das Wachstum des Volkseinkommens schon deutlich über der Kapitalrendite liegen, damit die unteren Haushaltsgruppen hiervon mehr profitieren, als sie an Kapitalzinsen über ihren Konsum abführen.[19] Und wenn die Politik an dieser Umverteilung nichts ändern will und kann, verbleibt ihr nichts als auf Wachstum zu setzen, will sie die Lage der unteren Haushaltsgruppen nicht noch drastischer verschlechtern.

Is Time Money oder kostet Money uns Zeit und Leben?

Dass Zinsen und Renditen auf Kapitalvermögen wie ein Treibsatz auf das Auseinanderklaffen von Vermögen und Einkommen wirken und dass für den größten Teil der Haushalte eine

Wirtschaft ohne Zinsen und Renditen unter dem Strich eine Ersparnis von rund 7000 Euro pro Jahr bedeuten würde, wurde eben geschildert. Wie sehr das Renditeziel aber auch unser Leben und unsere Zukunft beschneidet, soll im Folgenden deutlich werden. Wer nicht gerade selbst unmittelbar unter den Zinslasten zum Beispiel eines Hauskredits ächzt oder sich über die Umverteilung von unten nach oben aufregt, wird sich allenfalls über einige Euro Zinsen auf seinem Sparbuch freuen, ansonsten aber keinen Grund sehen, sich mit diesem Thema zu beschäftigen. Es wäre auch kaum Zeit dafür, wird der Berufsalltag doch ohnehin immer hektischer. Nur: Diese Beschleunigung in der ökonomisierten Wirtschaft ist genau ein Ausfluss des Renditeziels, aus dem Kapital möglichst viel »herauszuholen«. Denn schon lange haben die Betriebswirte erkannt, dass Rendite nicht nur mit hohen Stückgewinnen wie etwa beim Juwelier erzielt werden kann, sondern auch mit hohem Umsatz in kurzer Zeit, selbst wenn die Stückgewinne wie beim Discounter recht gering sind. Dann natürlich werden der Muttertag zum verkaufsoffenen Sonntag erklärt und die Arbeitsschichten auf das Wochenende ausgedehnt, um die vorgegebenen Renditen zu erzielen, Kälber und Ferkel müssen unter unwürdigen Bedingungen im Turbogang hochgemästet werden, um auch bei niedrigstem Abnahmepreis die Kreditzinsen bedienen zu können, und die Arbeit durchdringt mittels Smartphone auch Freizeit und Urlaub.

Im Gleichlauf zur intensivierten Produktion müssen wir mehr und schneller konsumieren. Die Wege zum Flughafengate sind zu Zeit und Geld raubenden Duty-free-Malls ausgedehnt worden; wo ursprünglich einmal neun Bundesligaspiele gleichzeitig über 120 Minuten stattfanden, sollen wir diese nunmehr an fünf Terminen über insgesamt 600 Minuten werbegetränkt zu uns nehmen, nach simplem mobilen Telefonieren uns eine eigene smarte Konsumwelt applizieren. Wo bleibt da, eingequetscht zwischen erhöhten beruflichen Anforderungen und extensivem Shopping und Surfing noch Zeit, über diese Ökonomie nachzudenken? (Immerhin noch bei den Soziologen Hartmut Rosa und Fritz Reheis, die sich intensiv mit der ökonomiebedingten Beschleunigung des Lebens beschäftigen.[20])

Auch der unbarmherzige Zeitdruck bei Bauvorhaben ist eine Folge des Zins- und Renditedrucks. Wenn jeder Tag Verzögerung bei der Elbphilharmonie Hamburg fast 100 000 Euro Zinsen und Gewinnausfall kostet, gerät eine solide Bauplanung und -leitung natürlich leicht aus den Fugen und lässt das Projekt erst recht ins Wanken geraten. Solange das Vorhaben noch nicht genutzt werden kann, sind Zinsen auf die aufgelaufene Kreditsumme zu bezahlen, ohne dass sie aus den eingespielten Einnahmen gedeckt werden. Damit wächst die Kreditsumme – und auch entsprechend die spätere Belastung – um diese zusätzlichen Zinsen weiter an, und die Gesellschafter sind entsetzt, dass der Ertrag aus ihrem Investment erstens später und zweitens in geringerem Umfang als geplant eintritt. Was einer sorgfältigen Fortführung des Vorhabens nicht gerade zuträglich ist …

Als noch gravierender aber muss der Wachstumsdruck angesehen werden, um dem durch den Zinseszinseffekt unaufhörlich zunehmenden Kapital neue Anlagefelder zuzuführen oder bereits genutzte noch intensiver zu bearbeiten. Da mögen konsequente Ökologen ein Herunterfahren des Ressourcen-, Flächen- und Energieverbrauchs anmahnen und »Gut leben statt viel haben« propagieren[21] – die Macht der Ökonomie hat sich immer als stärker erwiesen, sei es mithilfe der Werbung, hoch attraktiven Gütern (Smartphones, SUVs), schnellerem Produktwechsel (Computersysteme) oder der Privatisierung bis dahin öffentlicher Einrichtungen, ja selbst mithilfe politischen Drucks.

Ein Beispiel: Zur Jahrtausendwende hat der Staat die UMTS-Lizenzen für 100 Milliarden DM versteigert. Natürlich wollten die Käufer über die Erlöse nicht nur ihren Kaufpreis zurückerhalten, was bei 20 Jahren Nutzungsdauer 2,5 Milliarden Euro pro Jahr entspräche, sondern auch die zu zahlenden Zinsen auf die aufgenommenen Kredite und die von den Aktionären erwarteten Gewinne. Dann beläuft sich der notwendige Überschuss über die laufenden Kosten aber auf etwa das Doppelte. Um jeglichen Widerstand aus der Bevölkerung gegen diesen faktischen Zwang zum mobilen Kommunizieren zu unterbinden, hat daher der Staat den Telekommunikationsunternehmen in einem Ermächtigungsgesetz praktisch völlige Freiheit beim Aufstellen der Sender gegeben; nicht einmal die Gemeinden haben ein Widerspruchsrecht.

Mindestens so gewichtig wie der Druck, aus dem eingesetzten Kapital über den Rückfluss hinaus möglichst viel Gewinn herauszuholen, ist der eben entdeckte Aderlass von 70 Prozent der Haushalte: Um sie nicht vollends ausbluten und aufmucken zu lassen, muss die Politik entgegen jeglicher Einsicht in die »Grenzen des Wachstums« genau dieses ankurbeln, um so den indirekten Einkommenstransfer an die Vermögen zumindest teilweise durch einen direkten Einkommenszuwachs auszugleichen. Bezeichnend für diese Politik ist die im Dezember 2010 eingesetzte Enquetekommission des Deutschen Bundestags »Wachstum, Wohlstand, Lebensqualität«. Im ursprünglichen Antrag von SPD und Grünen lautete richtigerweise ein Kernsatz: »Die ökologische und soziale Doppelkrise unserer Zeit ist die Krise der kurzfristigen, renditegetriebenen Wachstumsorientierung.«[22] Genau diesen Hebel haben dann CDU und FDP erfolgreich aus der Agenda der Kommission demontiert. Das ökonomische Wachstum bleibt ein Dogma, es soll weiterhin unsere Zukunft mit neuen und breiteren Autobahntrassen blockieren, mit Logistik- und Einkaufscentern zupflastern und mit Öl- und Rohstoffbohrungen unterhöhlen.

Uneins sind sich die konventionellen wie alternativen Wirtschaftswissenschaftler darüber, wieweit das als Ausweg angepriesene »grüne« und »qualitative« Wachstum den ökologischen und ökonomischen Ansprüchen wirklich genügen kann. Niko Paech ist einer der »Hardliner«, die darauf verweisen, dass relative Einsparungen wie beim Treibstoffverbrauch durch höhere Ansprüche konterkariert wurden und dass die ostwärts gerichtete Verlagerung der Schwer- und Grundstoffindustrie die ökologischen Belastungen unseres Wachstums versteckt.[23] Zweifellos kann es nicht schädlich sein, Kapital in »grüne« Technologien wie etwa im Hinblick auf Energieeinsparung zu investieren statt beispielsweise in ein Volumenwachstum. Aber was soll das so gern beschworene »qualitative«, also ressourcenfreie Wachstum sein? Noch mehr der luftigen »Industrien« wie der Finanzsektor und Internetanwendungen à la Facebook oder Google, die von heute auf morgen in sich zusammenbrechen und damit wieder weltweite Krisen auslösen können? Hierauf findet man von deren Protagonisten keine nähere Erklärung.

Die Globalisierung befreit die großen Unternehmen bei ihrem Wachstum von den Grenzen ihres jeweiligen Inlands, sei es durch starke Exporte, sei es durch Investitionen in die »Emerging Markets« der aufstrebenden ehemaligen Entwicklungsländer. Das entlastet zwar die klassischen Industrieländer von den negativen Wachstumsfolgen und mag für eine begrenzte Zeit den »aufstrebenden« Ländern auch wirtschaftlich helfen; das Dilemma wird aber nur räumlich und zeitlich verschoben.

Wir können feststellen, dass der Zins- und Renditeanspruch die Ökonomie automatisch immer weiter wachsen lässt, unsere Zeit und immer mehr Bereiche des Lebens vereinnahmt und so unsere Gestaltungsfreiheit verbaut. Gleichzeitig erschwert dasselbe System jeglichen Umstieg und Wechsel auf die verbliebenen zukunftsfähigen Freiflächen durch eine »eingebaute« Zukunftsaversion. Die besteht darin, dass der Verzinsung eines heutigen Werts zwangsläufig eine Abzinsung in der Zukunft liegender Werte gegenübersteht (siehe die folgende Grafik). Ein Renditeanspruch von zwölf Prozent pro anno, ein gängiger Wert in den DAX-Konzernen, bedeutet, dass eine Investition von 100 Millionen Euro nach sechs Jahren einen Wert von mindestens 200 Millionen Euro erwirtschaftet haben muss.[24] Dies bedeutet aber andererseits: Ein positiver Effekt in sechs Jahren von weniger als 200 Millionen Euro beispielsweise durch umfangreiche Maßnahmen zur Energieeinsparung reicht nicht aus, um heute eine Investition von 100 Millionen Euro betriebswirtschaftlich zu rechtfertigen. Dann wird eher in kurzfristigen Erfolg investiert, zum Beispiel in prestige- und gewinnträchtige, wenn auch material- und energieintensive SUVs. Umgekehrt werden zukünftige Schwächen oder Schäden heutiger Entscheidungen umso stärker heruntergerechnet, je weiter sie in der Zukunft liegen. Sollte also etwa ein Pharmaunternehmen ein attraktives Faltenentfernungsmittel heute auf den Markt lancieren wollen, aber damit rechnen, dass nach sechs Jahren Schadensersatzklagen Zahlungen von 100 Millionen Euro nach sich ziehen, würde das die Gegenrechnung mit den sofort erzielbaren Überschüssen doch nur mit 50 Millionen Euro belasten.[25] Diese zins- und renditeverursachte Bevorzugung aktueller gegenüber späteren Werten findet auch bei staatlichen Infrastrukturprojekten statt. So werden die kurzfristigen Vorteile eines Autobahnbaus wie Fahrzeit- und -kostenersparnisse in voller Höhe gutgeschrieben, spätere Klima-, Natur- und Gesundheitsschäden hingegen abgeschwächt abgezogen.

Abzinsung über die Zeit bei 12 Prozent p.a.

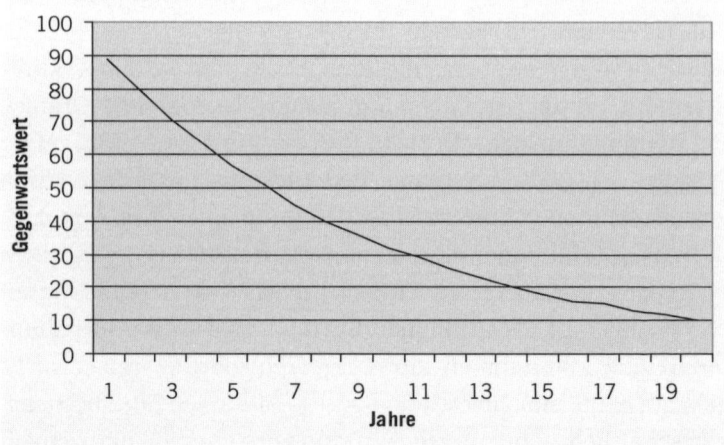

Diese krasse Abwertung der Zukunft missachtet keinesfalls erst »irgendwelche spätere« Generationen, sondern trifft uns selbst innerhalb weniger Jahre. Nur ein Zinssatz von 0 Prozent würde zukünftige Wirkungen positiver wie negativer Art nicht wie heute rechnerisch »verschwinden« lassen, sondern ihnen dasselbe Gewicht zukommen lassen wie den heutigen.

Warum erhalten Eltern keine Zinsen für ihre Kinder?

Zum Schluss dieses Kapitels soll versucht werden, den Zinsanspruch, der uns so selbstverständlich und so tief in der abendländischen Kultur verankert ist, zu hinterfragen. Wie wir gesehen haben, wirkt er sich mit einem Anteil von mittlerweile einem Viertel des Volkseinkommens nicht nur auf die sozialpolitisch bedeutsame Einkommens- und Vermögensverteilung aus, sondern stellt auch den Treib-, wenn nicht Brandsatz für den permanenten Wachstumszwang dar, dabei systematisch die Belange zukünftiger Generationen vernachlässigend. Diese geraten in die Gefahr, von einem Wachstum, das ihnen möglicherweise nicht einmal nutzt, sondern sie bedroht, erdrückt zu werden.

Die Kritik am Zinssystem als leistungslosem, also ungerechtfertigtem Einkommen aus Geld- und Kapitalvermögen reicht zurück bis zum griechischen Philosophen Aristoteles und wurde vom Christentum und Islam aufgenommen, wenn auch nicht konsequent verfolgt.[26] In neuerer Zeit gesellt sich hinzu die Erkenntnis, dass die Zinsen auch die Wirtschaft destabilisieren können. Hier seien Silvio Gesell[27] und Helmut Creutz (geb. 1923) genannt, der Gesells Erkenntnisse weiter entwickelte und insbesondere erstmals den Transfer der Zinsen (und Gewinne) zu den reichsten Haushalten analysierte. Die überwiegende Mehrheit der heutigen Wirtschaftswissenschaftler ordnet allerdings dem Zins eine ordnende Funktion zu in dem Sinne, dass hiermit nur Investitionen vorgenommen werden, die volkswirtschaftlich effizient sind. Investitionen, die sich nur bei Zinssätzen unterhalb der (am Produktivitätszuwachs zu bemessenden) volkswirtschaftlichen Rentabilität liegen, würden damit »besseren« Investitionen die Mittel wegnehmen. Dass erst ausreichender Überschuss der laufenden Einnahmen über die laufenden Ausgaben es Unternehmen ermöglicht, in neue Kapazitäten oder Rationalisierung zu investieren, ist betriebswirtschaftlich auch richtig, wenngleich die volkswirtschaftliche Theorie es als optimaler ansieht, wenn Kapitalbedarf grundsätzlich nur in Form von Krediten zur Verfügung gestellt werden würde.

Ohne in einen wissenschaftlichen Streit um die Angemessenheit von Zinsen und Gewinnen eintreten zu wollen, muss aber doch pragmatisch die Frage gestellt werden, ob dieses System die Wirtschaft und die Lage der Menschen insgesamt verbessert oder verschlechtert hat. Vermutlich werden wir zur gleichen Erkenntnis kommen wie schon in Kapitel 1. Als Auslöser und Anreiz einer wirtschaftlichen Entwicklung hat sich das kapitalistische System der Reichtumsmehrung mittels Zinsen und Gewinnen offensichtlich bewährt, doch fehlt ihm, worüber jeder Motor seit jeher verfügt: ein – früher mechanischer, heute elektronischer – Regelkreis-Mechanismus, der automatisch die Gaszufuhr drosselt, wenn der Motor zu überdrehen oder zu überhitzen droht. Dies aber ist angesichts der Verwerfungen in der globalen Ökonomie und ihrer sozialen, ökologischen und politischen Folgen augenscheinlich der Fall.

Wie zuvor beim Zinseszins angesprochen, ist es nicht der verkonsumierte, gerne auch verprasste Zins oder Gewinn, der die Ökonomie sich unkontrollierbar ausufern lässt, sondern der Moment, ab dem die Kapitaleinkommen kumuliert werden. In Maßen ist dieses so sinnvoll, wie wenn ein altvorderer Bauer einen Teil der Getreideernte nicht nur zur Wiederbestellung, sondern darüber hinaus auch für eine Neusaat auf Brachen statt für Mehl verwendet hätte, um damit im Folgejahr eine größere Ernte einfahren zu können. Dieser Kapitalvermehrung sind freilich natürliche Grenzen gesetzt, sei es durch ein Ende der verfügbaren Flächen, sei es mangels weiteren Brotbedarfs. Ähnlich ist es mit Investitionen zu sehen: Solange noch ein ungedeckter Bedarf an Konsumgütern besteht, ist es sinnvoll, einen Teil der Arbeits- und Maschinenressourcen zugunsten weiterer Fabrikkapazitäten zu sparen (dies kann durch geschickte Anreizsysteme wie Sparprämien erfolgen oder auf brutale Weise wie in 70 Jahren Sowjetökonomie), doch darüber hinaus erscheinen weitere Einschränkungen oder Mehrbelastungen zugunsten einer höheren Produktion den einzelnen Menschen als sinnlos. Bedarfsorientierte Betriebe wie Genossenschaften oder Selbstversorger sind frei darin, ihr Gleichgewicht zwischen Konsum und Betriebserweiterung zu finden. Nicht hingegen Kapitalgesellschaften, deren Eigentümer den Ertrag gar nicht mehr komplett konsumieren, sondern es zu dessen Mehrung verwenden, indem nach dem Schneeballsystem überschüssige Gewinne dem Kapital zugeführt werden, womit wiederum die Gewinne steigen und so weiter.

Und die moderne Ökonomie hat es ja geschafft, dieser Lawine unbegrenzte Auslaufflächen zu verschaffen: Als Felder weiteren Wachstums hat man neben denen des Konsums die Allmende bislang öffentlicher Aufgaben vom Krankenhaus bis zum Gefängnis entdeckt; wo das nicht ausreicht, werden neue Felder wie die Internet- und Medienökonomie geschaffen oder freie Güter wie Mobilfunkfrequenzen zu ökonomischem Eigentum erklärt. Und zuletzt hat sich die Finanzökonomie virtueller und wertmäßig unbegrenzter Produkte wie Wetten auf Devisenkurse oder Zinshöhen entwickelt.

Die Frage nach der moralisch-ethischen Rechtfertigung solcher theoretisch ins Unendliche wachsender Vermögenseinkommen könnte auch umgekehrt gestellt werden: Haben nicht alle Menschen einen generellen Anspruch, nicht nur für die jeweils erbrachte Leistung entlohnt zu werden, sondern auch für ihren Anteil am Gewinn? Man muss nur einmal die Gewinne der Kapitalgesellschaften ins Verhältnis zum Personalaufwand setzen, um zu erkennen, welch großen Beitrag die Mitarbeiterschaft am Gewinn hat. So bei der BASF im Jahr 2010, als sich Gewinn wie Personalkosten auf rund 8,5 Milliarden Euro beliefen – mit anderen Worten: Die Rendite auf den Personaleinsatz betrug 100 Prozent!

Schon Karl Marx warf die Frage auf, mit welchem Recht der »erwirtschaftete«, also erarbeitete Gewinn dem toten Kapital zugeschlagen wird statt den Arbeitern. Noch nicht aber wurde die Frage gestellt, weshalb beispielsweise Eltern kein vererbbares Anrecht auf Verzinsung der Beiträge ihrer Kinder, Enkelkinder und Urenkel an Staat und Gesellschaft haben. Mit welchem

Recht würde abgelehnt werden, was einzig für die ohnehin fragwürdige »Leistung«, Geld zur Verfügung zu stellen, als selbstverständlich gilt, nämlich über eine unendliche Kette immer wieder für den letztlich einmaligen Vorgang der Geldleihe belohnt zu werden, so dass zum Schluss aus einem Josephspfennig ein Universum von Gold wird?

4   Kapital und Vermögen

»Es ist eine Zahl mit 12 Nullen; eine Zahl, deren Ausmaß und Folgen nur schwer vorstellbar sind: Mindestens 21 Billionen Dollar verstecken die Reichen der Welt einer neuen Studie der Nichtregierungsorganisation Tax Justice Network (TJN) zufolge in Steueroasen … Alleine durch die Kapitalflucht reicher Privatpersonen entgehen den Staaten weltweit bis zu 280 Milliarden Dollar Steuereinnahmen. Das ist mehr als doppelt so viel, wie alle OECD-Staaten gemeinsam jährlich für Entwicklungshilfe ausgeben.

Teresa Schneider, »Großes schwarzes Loch«

Wer kennt es eigentlich, »das scheue Reh«, das Kapital?

Das Kapital, das mobile über den Globus schwirrende Kapital darf nicht verschreckt werden, sonst zieht es an andere Standorte, lokal, regional oder national. Wenn die vorhandene Struktur nicht attraktiv genug ist, wird es mit Sonderkonditionen geködert, von niedrigen Grundstückskosten bis hin zu direkten Subventionen, auch vertrauliche Absprachen wie oberflächliche Steuerprüfungen mögen dann erfolgen, wie es ohnehin ein offenes Geheimnis ist, dass die Bundesländer im Wettbewerb um Unternehmen erschreckend wenig Steuerprüfer beschäftigen, obwohl deren Erfolge ein Mehrfaches ihrer Personalkosten ausmachen. Aber nicht nur um das Betriebskapital wird gebuhlt, sondern auch um das Finanzkapital. Deshalb kennen die bekannten »Paradiese« in der Karibik und im Ärmelkanal praktisch keinerlei Restriktionen und Kontrollen, und die Finanzzentren in London oder Dublin wenden sich trotz der erfolgten Bankenkrisen gegen eine Rücknahme der Deregulierungen. Aufgrund des »freien Welthandels« gerade erst deindustrialisiert, sah Großbritannien in der Finanz»industrie« einen willkommenen Ersatz, der dort zum bedeutendsten Arbeitgeber avancierte, wenn auch mittlerweile wieder Tausende von Stellen verlustig gingen.

Die Ehrfurcht vor dem Kapital ist uns schon so selbstverständlich, dass nicht einmal gefragt wird, ob und weshalb wir fiktives, nur in den Computern verwaltetes Kapital benötigen, um reale Produkte herzustellen und um Menschen Arbeit zu geben. Kapital, das sind die Geldsummen, die für reale Investitionen wie Fabriken, Rohstoff-, Energie- und Infrastrukturprojekte verwendet werden sollen, um anschließend der Erzeugung und dem Vertrieb von Produkten zu dienen. Doch auch hier gilt: Nicht die Geldscheine errichten die Produktionsanlagen, sondern Menschen mit ihren technischen Hilfsmitteln unter Nutzung des vorhandenen Umfelds und der Natur. Rein technisch gesehen bedarf es also nur »handfester« Ressourcen und einer geeigneten Organisation. Im Kleinen zeigt das jeder Betrieb und jeder Do-it-yourself-Haushalt, der Projekte mit internen Kräften, Sachanlagen und Materialien durchführt. Auch die klassische Volkswirtschaftslehre versteht unter »Kapital« die realen Produktionseinrichtungen und benötigt in ihren Modellen Geld allenfalls als Rechengröße. Selbst noch in der DDR stellte die Bezahlung betrieblicher Investitionen eher ein formales Beiwerk denn eine reale Bedingung dar.[28] Diese besteht nämlich in nichts anderem, als den Menschen- und Materialbedarf an sonstige Bedürfnisse und Möglichkeiten eines Staates und seiner Bevölkerung anzupassen und ein Gleichgewicht zu finden.

Was sich hingegen hinter den Schlagworten »Investment« und »Investment Banking« verbirgt, ist in den wenigsten Fällen das, was wir unter einer Investition verstehen, nämlich die Umformung von Finanzkapital in Sachkapital. Tatsächlich wird hier in der Regel nur Finanzkapital in anderes Finanzkapital transferiert, werden zum Beispiel Aktien eines Unternehmens in Anteile eines Rohstofffonds getauscht oder fällig gewordene spanische Staatsanleihen in solche mit höheren Zinsen umgewandelt ... In diesen Fällen fließt jedoch den Betrieben beziehungsweise Staaten kein frisches Geld zu, vielmehr fließt das Kapital nur zwischen Anteilseignern hin und her oder es wird ein bestehendes Schuldverhältnis lediglich zu neuen Konditionen verlängert. Selbst Neuemissionen von Unternehmensaktien müssen nicht notwendig Investitionen nach sich ziehen; häufig steckt dahinter nur eine Umfinanzierung von Fremd- in Eigenkapital oder, so wie im kürzlich erfolgten milliardenschweren Börsengang von Facebook, eine finanzielle Ablösung der bisherigen Gesellschafter. Nur im Falle konkreter Projekte wie Windparks oder der Ansiedlung neuer Unternehmen wird Finanzkapital zu Realkapital. Letzteres ist erst dann »vorgetane« Arbeit im Sinne der Volkswirtschaftslehre, wenn sie anschließend im Gegenwert dieses Kapitals auch reale Ressourcen gebiert, also Güter und Dienstleistungen schafft oder einspart und damit an anderer Stelle eine höhere Leistung ermöglicht.

Solche planvollen Investitionen treffen wir in Europa erstmals im »Goldenen Zeitalter« der Niederlande (circa 1600–1800) an. Die besonders aus dem Ostindienhandel erzielten Überschüsse wurden von reichen und weitsichtigen Amsterdamer Kaufleuten auch zum umfangreichen Projekt der Landgewinnung durch Eindeichung, der Anlage von Gräben und deren Entwässerung mittels der noch heute das Landschaftsbild prägenden Windmühlen verwendet. Hier wirkten die Finanzmittel offensichtlich als Initialzündung und die anschließenden Überschüsse der Landwirtschaft als »Schmiermittel«, um Menschen und Material erfolgreich in diese nachhaltig wirkende Investition der Landgewinnung zu lenken.[29] Dass zunächst nur virtuelles Finanzkapital reale Investitionen zeitigen kann, ist dem »Geheimnis« des Geldes geschuldet, Leistungen zu initiieren. Die Kapitalgeber selbst, eine Geschäftsbank oder ein privater Anleger, geben nun ihr Geld aber nicht zum Kauf von unmittelbaren Gegenleistungen aus, sondern überlassen es dem von ihnen bedachten Unternehmen, die Mittel optimal einzusetzen. Sollen diese zur Verfügung gestellten Mittel wieder zurückgegeben werden müssen, wie es bei Krediten oder Anleihen der Fall ist, spricht man vom *Fremdkapital*, für welches in der Regel Zinsen anfallen. Als *Eigenkapital* stehen solche Mittel dem Unternehmen auf Dauer zur Verfügung, wofür der Anleger aber an den Entscheidungen wie an den Gewinnen (oder eben auch Verlusten) beteiligt ist, entsprechend als Eigner firmiert. Volkswirtschaftlich sind folgende drei Aspekte von Belang.

Zum ersten darf die bekannte Standardformel des makroökonomischen Kreislaufmodells »Investition = Ersparnis« nicht so interpretiert werden, wie es offensichtlich viele selbsternannte Südeuroparetter tun, nämlich, dass nur so viel Geld für Investitionen ausgegeben werden darf, wie vorher gespart wurde. Wie das Beispiel der Landgewinnung zeigt, ist keinesfalls eine vorherige Konsumeinschränkung erforderlich. Vielmehr vermag »frisches« Kapital (wie im Falle der Niederlande im Ausland generiert oder vom Staat oder den Geschäftsbanken geschöpftes Geld) den Anreiz zu zusätzlichen Investitionen geben. Nur im Falle einer Vollbeschäftigung ist es angebracht, durch Einsparen von Konsum die Produktionskapazität für Investitionsgüter frei zu machen (vgl. etwa das Zwangssparen in der früheren Sowjetunion); hier würde zusätzliches Geldkapital sonst schlicht ins Leere treffen und nur eine Inflation in Gang setzen.

Zum zweiten wandert im normalen Tauschprozess das mithilfe eines kurzfristigen Betriebsmittelkredits aufgenommene Geld durch die betriebliche Leistung des Kreditnehmers schnell an diesen zurück, womit Umfang und Zeitspanne der latenten Schuld in einem risikomäßig überschaubaren Rahmen bleiben. Dagegen erfolgt der Rückfluss aus größeren Investitionen in der Regel nur über einen Zeitraum von fünf Jahren (wie etwa bei der Produktentwicklung und den Sachinvestitionen für ein neues Pkw-Modell) bis zu einem halben Jahrhundert eines Mauttunnels. Die diesem Kapital inhärente Verpflichtung auf Gegenleistung kann also nur langsam abgetragen werden. Was aber passiert, wenn aus der Investition keine ökonomischen Vorteile gezogen werden können, wenn sie »in den Sand gesetzt« wurden wie die Geisterstädte und leerstehenden Ferienhaussiedlungen in Spanien?

Betrachten wir dazu drittens einen simplen Kreislauf mit einem Investor, einem Bauunternehmen und seiner Arbeiterschaft. Erhält der Investor sein Kapital wie geplant durch die Vermietung der Wohnungen im Laufe ihrer Nutzungszeit zurück, kann er das Kapital an die Bank oder andere Geldgeber zurückzahlen; dann ist der Vorgang abgeschlossen, der Kredit zurückgezahlt, das Sachkapital aufgebraucht. Im Falle letztlich unproduktiver Investitionen, wenn zum Beispiel Milliarden Euro zum Bau von Sandburgen, die niemand braucht, bereitgestellt werden, wandert das eingesetzte Geld zwar von einer Hand in die andere, doch niemals mehr zum Investor zurück. Die Geldmenge wurde vergrößert, ohne dass nutzbares Sachkapital geschaffen wurde, Inflation damit angeheizt. Weil die mobilisierten Euro-Milliarden nicht zurückfließen, werden die Bauunternehmen zahlungsunfähig und die Banken können die Kredite nicht eintreiben. Im Prinzip müssten jetzt die Gesellschafter der Unternehmen oder der Banken ersatzweise ihr eigenes Geld zur Verfügung stellen, doch das ist bei deren geringer Selbstbeteiligung (Stichwort Eigenkapitalquote) dann meist illusorisch. Aus der Immobilien- wird eine Bankenkrise, der Staat wird gerufen. Er zieht jetzt entweder die Rettungsgelder an anderen Stellen ab, etwa bei den Personal- und Sozialausgaben, oder er verschuldet sich zusätzlich. Die Eurokrise lässt grüßen.

Im Regelfall trägt der Investor die Verantwortung, dass das in den Wirtschaftskreislauf injizierte, aber noch nicht zurückgeflossene Geld reale Gegenleistungen zeitigt, bei dessen Scheitern aber haftet der Kreditgeber für die Werthaltigkeit des von ihm emittierten Geldes. In dieser Haftung der Kreditgeber sehen Gunnar Heinsohn und der verstorbene Otto Steiger in ihrem Buch *Eigentum, Zins und Geld* die eigentliche Berechtigung des Zinses. Dem ist allerdings entgegenzuhalten, dass das Ausfallrisiko durch Übertragung von Sicherheiten wesentlich reduziert wird; berechtigt ist dann nur noch ein kalkulatorischer Ausgleich für das Restrisiko, den man für den speziellen Fall oder als statistischen Durchschnitt berechnen, allerdings nicht »Zins« nennen sollte. Entsprechend schwierig ist es, Investitionskapital zu finden. Banken geben nur so viel Kredit, wie sie an Verpfändung werthaltiger, also sicher in Geld umwandelbarer Anlagen wie gut gelegener Grundstücke erhalten. Soweit ein solcher Vorrat an Sicherheiten nicht ausreicht und das Investitionsprojekt im Falle des wirtschaftlichen Scheiterns selbst nicht liquidierbar ist wie etwa eine Produktentwicklung oder ein Satellit, müssen andere Geldgeber gefunden werden. Dies sind dann Personen, andere Unternehmen oder Institutionen wie Versicherungen, die ihre eigenen Mittel zur Verfügung stellen, sei es als zukünftiges Eigenkapital der Investition ohne jeglichen Rückzahlungsanspruch, sei es als Schuldverschreibung, zum Beispiel in Form von Anleihen.

Nicht zu greifen: Das Eigenkapital

Hatten wir bislang den Ursprung von Geld und Kapital wesentlich nur im Bankkredit gesehen, geraten nunmehr »eigene Mittel« und »Eigenkapital« ins Blickfeld. Eine unglückliche Begriffsbezeichnung führt hier zudem zu einer Verwirrung, der selbst Kollegen vom Fach erliegen und die vorweg gelöst werden soll.

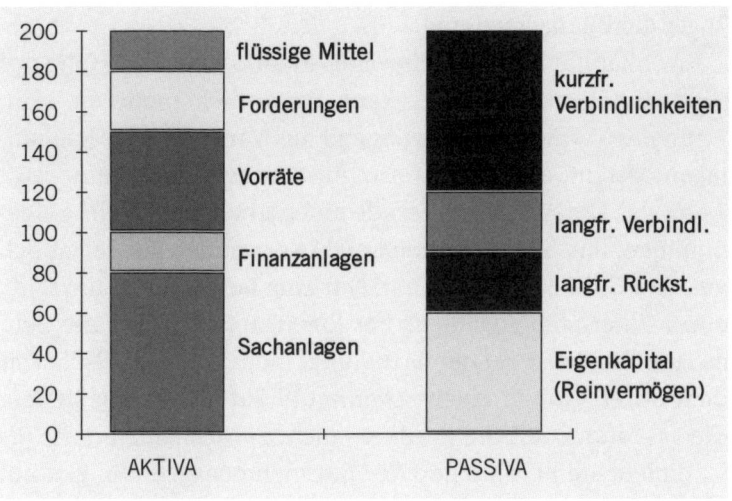

Dies ist die klassische Darstellung einer Bilanz. Die Vermögens- und die Kapitalseite entsprechen sich – den Laien immer wieder erstaunend – stets bis auf den Cent. Dies nimmt aber nicht Wunder, denn die Position *Eigenkapital* ist schlicht der rechnerische Saldo aus den Vermögenspositionen (linke Säule) einerseits und den verbindlichen Schulden und den ungewissen Schulden, den Rückstellungen (rechts), andererseits, also so wenig real wie der Gewichtsunterschied zwischen einem Beutel Gold und einem Sack Steine. Der praktisch denkende Kaufmann spricht hier auch viel treffender vom *Reinvermögen*: In dieser Höhe ist das Vermögen schuldenfrei, ohne dass man einzelne Vermögensteile als verschuldet oder schuldenfrei bezeichnen könnte. Die Berechnung des Vermögens bis auf den Cent täuscht freilich eine Genauigkeit vor, die sachlich in keiner Weise gegeben ist. Dies zeigt sich alleine schon an dem Fall, dass die Positionen der Bilanz in unterschiedlichen Währungen anfallen: Welche Wechselkurse sollen angesetzt werden? Der anfängliche, der mittlere oder der letzte der Periode, der des Tages der Bilanzerstellung ...?

Eigenkapital ist auch keinesfalls identisch mit der Höhe des Geldvermögens. Letzteres kann wesentlich niedriger sein, wenn das Vermögen überwiegend aus Vorräten oder Sachanlagen besteht, es kann ebenso gut deutlich höher sein, etwa wenn das Unternehmen gerade einen größeren Kredit aufgenommen, das Geld aber noch nicht verwendet, sondern noch auf dem Girokonto liegen hat. Nur zum Beginn und zum Ende eines Unternehmenslebens hat Eigenkapital direkt mit Geld zu tun: Zunächst bei der Gründung, indem die Gesellschafter dem Unternehmen eigene Geldmittel zur Verfügung stellen, die es – anders als die Kredite – nicht zurückzahlen muss. Es ist einleuchtend, dass gerade Unternehmensgründungen auf solche Eigenmittel angewiesen sind, denn welche verantwortungsbewusste Bank wird schon »ins Blaue« hinein mehr Kredit einräumen, als sie sicher ist, im Falle eines Scheiterns zurückzuerhalten? Anschließend wird das Unternehmen unter dem Strich hoffentlich mehr Geld einnehmen, als es für den laufenden Betriebsprozess und Ersatzinvestitionen ausgibt. Diesen Saldo nennen wir bekanntlich *Gewinn*; er wird zum Teil an die Gesellschafter ausgeschüttet, für materielle oder immaterielle Investitionen wie den Aufbau neuer Märkte, die Mitarbeiterschulung oder Forschung verwendet, oder er verharrt tatsächlich als Geldvermögen auf dem Konto. In direkter Folge oder zeitlich versetzt sollten diese Investitionen letztlich dazu führen, dass das Reinvermögen steigt – sei es, dass das Vermögen stärker zunimmt als die Schulden, sei es, dass diese sogar vermindert werden. Aber erst bei Verkauf oder Auflösung des Unternehmens wird sich erweisen, in welchem Maße das rechnerische Eigenkapital seinen Geldwert hat. Denn der Verkaufspreis des Unternehmens als Ganzes oder die Summe der einzeln verkauften Vermögensteile wird so gut wie nie dem Bilanzwert des Vermögens entsprechen, und daher wird der Nettoerlös nach Abzug der Schulden im gleichen Maße sich vom rechnerischen Eigenkapital unterscheiden. So konnte der globale Brauereikonzern InBev den florierenden und begehrten Betrieb Beck & Co. nur zu einem Preis erwerben, der beim Siebenfachen des bilanziell ausgewiesenen Eigenkapitals lag, der Ausverkauf der Schlecker-Filialen hingegen wird zu Ramschpreisen weit unter den Bilanzwerten erfolgt sein.

Selbstverständlich können auch Privatpersonen eigene freie Geldmittel bilden, wenn ihr Einkommen aus Arbeit und/oder Vermögen höher ist als ihre Ausgaben. Diese freien privaten Geldmittel können ebenfalls als Eigenmittel in Unternehmen fließen; gemeinhin bekannt sind Neuemissionen von Aktiengesellschaften, die damit ohne Kreditaufnahme größere Investitionen oder Unternehmenserwerbe finanzieren können. Solche privaten Mittel sind auch eine wesentliche Voraussetzung dafür, dass gerade Investitionen auf neuen oder wenig rentablen Feldern, die die Banken nicht oder nur sehr begrenzt über Kredite finanzieren, getätigt werden. Dies erwies sich bei den erneuerbaren Energien, wo anfänglich überwiegend Private ihre Mittel etwa in Wind- und Solarparks einsetzten, und gilt unverändert für weniger kapitalistisch und auf Rendite ausgerichtete Betriebe, häufig Genossenschaften, die nur mit Mühe Kreditzinsen und Tilgung erübrigen können. Vielen Lesern dieses Buches werden beispielsweise die *taz*-Genossenschaft als Trägerin der gleichnamigen Zeitung oder Oiko Credit, das ökumenische Finanzierungsinstitut für weltweit vergebene Mikrokredite, geläufig sein.

Wir erkennen aus diesen kleinen Beispielen, dass nicht die formale Größe Eigenkapitalquote etwas aktiv bewirkt, sondern ihr sachliches Gegenstück, die Schuldenquote, reale Konsequenzen zeitigt: Je niedriger diese ist, umso geringer ist die permanente und unvermeidbare finanzielle Belastung aus Zinsen und Tilgung und umso höher ist trivialerweise die Eigenkapitalquote.

Doch die Frage nach dem Woher der Eigenmittel ist mit dem Verweis auf Überschüsse von Unternehmen und Privatpersonen noch nicht abschließend beantwortet. Nehmen wir das Kreislaufbild aus Kapitel 2 auf, und lassen wir den Waschmaschinenhersteller einen Gewinn machen, indem er seine Preise um zehn Prozent erhöht, ohne dass ihm nennenswerte Absatzverluste oder Mehrkosten entstehen. Er mag dies durch ansprechendes Design und effektivere Werbung erreicht haben. Nun haben die Arbeiter der Motorenfabrik zwei Möglichkeiten, ihren (unerlässlichen) Bedarf an Waschmaschinen trotz Preissteigerung zu decken:

1. Sie arbeiten länger, um entsprechend mehr Einkommen zu erzielen. Dies setzt freilich voraus, dass ihr Arbeitgeber auch mehr Motoren verkaufen kann; sei es im Inland oder im Ausland.
2. Soweit eine Mehrarbeit nicht möglich ist, nehmen sie einen Kredit auf.

Geldüberschuss des Motorenherstellers aufgrund einer Preiserhöhung von zehn Prozent, Arbeiter arbeiten länger, um ein entsprechend höheres Einkommen zu erzielen.

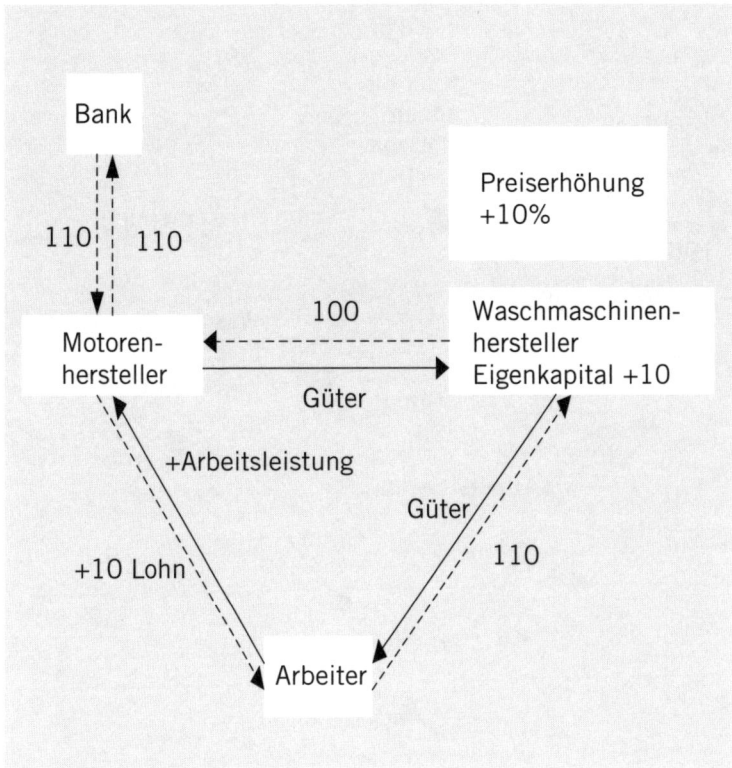

In beiden Fällen wird der Waschmaschinenhersteller zehn Dollar Geldüberschuss erzielt haben; dieses zusätzliche Geld stammt aus einem höheren Betriebsmittelkredit des Motorenherstellers und dem Konsumkredit. Der Gewinn sammelt sich somit zunächst in Form freier Geldmittel, die – ohne auf Gläubiger angewiesen zu sein und unter Rück- und Zinszahlungs-

Geldüberschuss des Motorenherstellers aufgrund einer Preiserhöhung von zehn Prozent, Arbeiter können um fünf Prozent mehr arbeiten und verdienen, für die weiteren fünf Prozent nehmen sie einen Kredit auf.

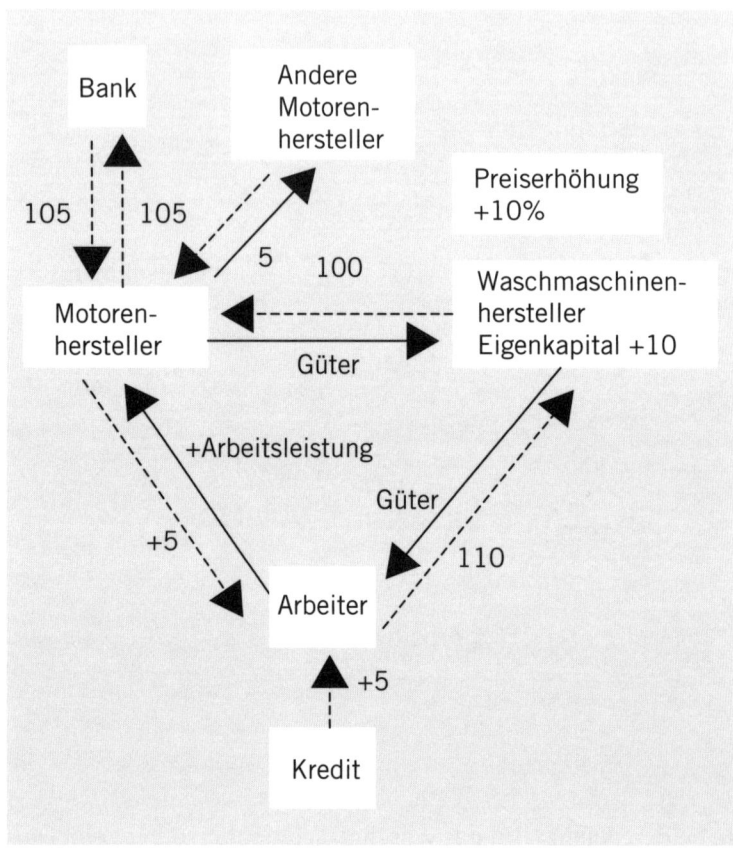

druck zu geraten – für Erfolgsfaktoren wie F&E (Forschung und Entwicklung), Erweiterung, Marktgewinnung oder Automatisierung verwendet werden können. Im Idealfalle wird damit wieder ein Plus erzielt, das für weitere rentable Investitionen eingesetzt werden kann, so dass die Gewinne stetig ansteigen und das Eigenkapital am Ende also immer weiter zunimmt. Und wer bezahlt die Gewinne? Die Käufer in Form von unmittelbarer Mehrarbeit und/oder ihrer Verschuldung, deren Abtrag mittelbar ebenfalls *Mehrarbeit* erzwingt, womit wir die harte Kehrseite des Marxschen *Mehrwerts* greifbar vor uns haben.

Das »Mehr arbeiten für den Gewinn« konnte über Jahrzehnte hinweg allerdings vom technischen Fortschritt übernommen werden: effizientere Abläufe, Automatisierung, zu einem nicht geringen Teil auch, indem menschliche durch fossile Energie ersetzt wurde. Zweifellos profitierten davon auch die Mitarbeiter; ihre Arbeitszeit verringerte sich, die höhere Produktivität in Verbindung mit dem Wettbewerb erlaubte und erzwang geringere Preise, so dass heute für den Erwerb der meisten Güter kürzer gearbeitet zu werden braucht als früher.

Doch wenn der Produktivitätsfortschritt ausgereizt ist – in der Dienstleistung ohnehin und weil die Energie knapp und teuer wird – und dennoch am Renditeanspruch des Kapitals (Zinsen für verliehenes Geld, Gewinn für eigenes Geld) festgehalten wird …, dann setzt das Kapital an zwei Hebeln an: dem Drücken der Löhne und Lieferanten – und am *Leverage*(Hebel-)*Effekt*. Es ist eine betriebswirtschaftlich bekannte Erkenntnis, dass die Rendite des Eigenkapitals sich dadurch steigern lässt, dass sein Anteil zugunsten vermehrter Schulden verringert wird. Das klingt zunächst nach Hexerei, funktioniert aber dann, wenn der Überschuss des Unternehmens vor Zinsen, das im Wirtschaftsteil der Zeitung häufig genannte EBIT (»earnings before interest and taxes«), höher ausfällt als die zu zahlenden Kreditzinsen, so dass noch ein Gewinn verbleibt. Bei theoretisch null Eigenkapital errechnet sich dann mathematisch aus dem Verhältnis von Gewinn zu Eigenkapital eine unendlich hohe Rendite, bei ein wenig Eigenkapital halt immer noch ein recht hoher Wert. Mehr auf Rendite als auf Sicherheit ausgerichtete Großanleger wollen daher ihre Mittel eher in kleinen Portionen in viele Unternehmen als zu einem großen Teil in wenige Unternehmen investieren und drängen auf eine entsprechende Unternehmenspolitik hoher Verschuldung. Auf die Spitze treiben diesen »Trick« die berühmt-berüchtigten »Heuschrecken«, indem sie aufgekauften Firmen so viele Barmittel wie möglich zur Anlage in weiteren Objekten entziehen und durch Kredite ersetzen. Dieser Weg, die Rendite der eigenen Mittel nach oben zu treiben, ist freilich eine Gratwanderung, denn sobald die Überschüsse nur etwas unter die Kreditzinsen sinken, drohen dem Unternehmen Verlust und Zahlungsunfähigkeit. Und damit kann man wiederum den Mitarbeitern und Lieferanten drohen, um sie zu Zugeständnissen gefügig zu machen.

Wie der heilige Josephspfennig das scheue Reh in ein aufgeblasenes Monster verwandelt

Solange ein Kapitalüberfluss durch nicht reinvestierte Gewinne oder eine über den realen Bedarf hinaus erfolgte Geldschöpfung nur in Bruchteilen der Realwirtschaft erfolgte, konnte dies die Zentralbank mit ihren geldpolitischen Instrumenten der Leitzinsen und Mindestreservehaltung korrigieren und steuern. Doch wenn wie bei der Interneteuphorie der Jahrtausendwende oder dem Bau(preis)boom in den USA, Spanien und Großbritannien Kapitalvolumina in Billionenhöhe mobilisiert werden, die niemals eine entsprechend hohe Nachfrage nach sich ziehen können, muss es zu deren gefährlichen Herumschlingern und schließlich zum turbulenten »Eindampfen« kommen, dem bekanntlich mehr als nur das virtuelle Kapital zum Opfer fällt. Auch beim kürzlichen Börsengang von Facebook fragen sich viele nach dem realen Gegenwert der gezeichneten 16 Milliarden Dollar für einen kleinen Minderheitenanteil, was einem Börsenwert von über 100 Milliarden Dollar für das gesamte Unternehmen entspräche.

Ist der Auslöser für diese finanziellen Explosionen und Implosionen unter dem Begriff der »Blase« durchaus bekannt, so kann ihr Ausbruch mit der teilweisen Rücknahme der Deregulierungen und Einführung bremsender Finanztransaktionssteuern doch nur verzögert werden. Denn die Kräfte, die den Druck aufbauen, wirken wie bei der Plattentektonik permanent, ohne merkliche Erschütterungen und unbeobachtet im Schatten einzelner Eruptionen. Es ist der in Kapitel 3 in den Brennpunkt gerückte Zinseszinseffekt, der das Geld- und Kapitalsystem langsam, aber sicher auseinandertreibt. Er drückt die Vermögen in nie gekannte Höhen nach oben und gleichzeitig die Arbeitsbedingungen trotz technischen Fortschritts und 60 Jahren Frieden nach unten.

Auch dieser neue Feudalismus schöpft seinen Reichtum aus Fronarbeit (die heute nur andere Namen hat: Prekarisierung, Leiharbeit, Zeitverträge, Generation Praktikum, 400-Euro-Jobs, Lohnverzicht) und einer dramatischen Verschuldung der unteren 70-Prozent-Klasse, die sich neben der Überschuldung von über drei Millionen Haushalten von im Mittel je 35 000 Euro[30] insbesondere in der Staatsverschuldung widerspiegelt. Diese belastet nämlich, wie im Abschnitt zur heimlichen Umverteilung begründet, dieselbe Gruppe der unteren 70 Prozent der Haushalte, kann aber mittels realer Leistungen gar nicht mehr beglichen werden. Nehmen wir die zwei Billionen Euro Schulden der öffentlichen Haushalte, die auf den rund 20 Millionen Arbeitnehmerhaushalten im erwerbsfähigen Alter[31] liegen. Wie sollen diese ihre anteiligen 100 000 Euro neben ihrer privaten Verschuldung, zum Beispiel auf ihre Immobilie, durch weitere Arbeit jemals aufbringen können? Diese Fragen stellten schon seit geraumer Zeit die bereits zitierten Ökonomen Soddy und Creutz, zuletzt David Graeber. Wie sollte auch, nüchtern betrachtet, aus null Arbeit und null realer Wirkung eines Renditeanspruchs ein Gegenwert auf reale Leistungen entstehen, der über die leistbare Fronarbeit hinaus geht? Wenn die »Sieben Faulen« einst einen Brunnen gebaut haben und dafür eine Benutzungsgebühr erheben, so geht dies auf, da sie ihren Mitbürgern gleichzeitig die Mühsal des Wasserschöpfens erspart haben, wofür diese gut und gerne sich ein wenig Wassergeld erarbeiten wollen und können(!). Die offensichtliche Unmöglichkeit hingegen, diese aufgelaufenen Schulden jemals zurückzahlen zu können (die sogenannte Schuldenbremse soll ja nur die weitere Verschuldung deckeln), bringt Staat und Gesellschaft in eine gefährliche Abhängigkeit vom Kapital und zwingt beide zu einem politischen Wohlwollen ihm gegenüber. Das führt etwa dazu, dass die reichste Klientel Griechenlands ihre durch Steuerhinterziehung und Kapitalrendite angehäuften Hunderte von Euromilliarden außer Landes bringen darf, wofür nun seine Bürger knechten müssen.

So wenig Substanz die Staatsschulden seitens der Schuldnerseite haben, so wenig haben sie aber auch auf der Gläubigerseite: Man müsste die Gläubiger nur mal fragen, was sie denn mit all dem Geld anfangen wollen, würden ihnen die Kredite tatsächlich auf einen Schlag zurückbezahlt. Vermutlich käme es mangels Anlagemöglichkeiten zu einer Finanzkrise noch nie dagewesenen Umfangs, ist doch schon heute die Asset-Price Inflation (hilfsweise eingedeutscht in Vermögenspreisinflation) bei Immobilien, Rohstoffen, afrikanischen Ländereien, Gold und Aktien zu beobachten.

Tatsächlich wird seit Jahrzehnten ein Kapital aus Pappmaschee gebildet, aus dem niemals mehr reale Leistungen hervorgelockt werden können. Aber davon unbeeindruckt pumpt der

Zinseszinseffekt immer wieder und immer weiter das Kapital auf. Solch ein Kapital, von uns wie ein Kuckucksküken gefüttert und zu einem Monster herangewachsen – das soll das friedliche scheue Reh sein, dem wir unseren Wohlstand verdanken, dem wir aber in keiner Weise zu nahe treten dürfen, weil es dank seiner deregulierten Mobilität so schnell fliehen kann?

Leider kennt die Finanzökonomie keinerlei Unterscheidung zwischen »gutem« Kapital, das aufgrund realer Ressourceneinsparung entstand oder aus intelligenter »vorgetaner« Arbeit (zum Beispiel Material- und Arbeitseinsparung durch computergesteuertes Fräsen) gebildet wurde, und »minderwertigem« Kapital, das nur durch Fronarbeit und Verschuldung Dritter gebildet wird. Wir brauchen kein künstlich aufgeblasenes Finanzkapital, so flüchtig, inhaltslos und verletzbar wie ein praller Ballon, sondern eine Wirtschaft, die realen Bedarf erkennt und befriedigt. Dazu die Initialzündung mittels privatem oder staatlichem Kapital zu geben ist die bei weitem leichteste Aufgabe.

Gibt es wirklich(es) Vermögen?

Kapital als lediglich ein Anspruch auf Leistungen mag ja eine unsichere und fragwürdige Angelegenheit sein. Doch diese Überschrift klingt absurd. Vermögen sind doch etwas Reales, Hunderte von Millionen Bilanzen und Statistiken von Unternehmen, Privatleuten und staatlichen Einrichtungen weisen sie aus, auf den Cent genau. Die »International Accounting Standards« (IAS) und die US-amerikanischen »Generally Accepted Accounting Principles« (US-GAAP) setzen weltweit den Standard; sie werden – zum Schrecken der Buchhalter – entsprechend den Erfahrungen und neuen Erkenntnissen hinsichtlich einer zutreffenden Bewertung laufend geändert, verkompliziert und zwecks Vergleichbarkeit auch auf frühere Abschlüsse angewendet. Um ständig möglichst aktuelle Werte zur Verfügung zu haben, müssen diese zudem nicht mehr jährlich, sondern quartalsweise errechnet werden.

Nur, welchen Wert haben solche penibel errechneten Zahlen, wenn sie sich ohnehin alle drei Monate ändern? Welche Substanz können in Geld ausgedrückte Vermögenswerte überhaupt besitzen? Wie will man zum Beispiel sachlich belegen können, dass sich das private Nettovermögen in Deutschland innerhalb der letzten 20 Jahre mehr als verdoppelt hat, wie es der jüngste Armuts- und Reichtumsbericht der Bundesregierung von 2012 und die Nationale Armutskonferenz sagen? Hat sich etwa die Zahl der Fabrikanlagen und Mietshäuser verdoppelt? Allenfalls bei den Lkw mag man eine solch rasante Beschleunigung glauben. Oder drücken sich darin nur inflationäre Preissteigerungen bei den Herstellkosten und Blasen bei Immobilien und Aktien aus?

Tatsächlich bildet der Marktpreis eine für den Eigentümer realistische Wertbasis seines Vermögens. Denn ein Käufer wird sich beim Erwerb einzelner Güter am Preis vergleichbarer Objekte orientieren, nicht an den buchhalterisch ermittelten Zahlen der einzelnen Vermögenspositionen. Nur werden die wenigsten Unternehmen, außer im Falle einer totalen Insolvenz, wie sie Schlecker erlitt, stückweise verkauft, sondern der Käufer will sie erfolgreich weiterführen. Und in diesem Fall interessieren ihn nichts als die zukünftigen Erträge aus diesem Vermögen, denn nichts anderes ist der Sinn der ökonomischen Vermögen, als Ertrag zu generieren. Fußabtreter und Fahrräder hingegen, die nicht zur Spekulation auf Wertsteigerungen gekauft werden, mögen privat als Vermögen betrachtet werden, sind es aber nicht im Sinne der Ökonomie. So werden im Falle einer Büroimmobilie die zu erwartenden Mieteinnahmen mit den Kapitalkosten des Kaufs (Zinsen, Tilgung, Mindestgewinn) verglichen. Das hat zur Folge, dass Immobilien, zu identischen Kosten hergestellt und damit gleichermaßen bilanziert, nach einigen Jahren völlig unterschiedliche Marktpreise aufweisen können: Diejenige, in deren Nähe eine U-Bahn-Station eingerichtet wurde, wird wesentlich attraktiver geworden sein, höhere Mieten erlauben und somit teurer sein als jene, in deren Nachbarschaft gerade ein Einkaufszentrum insolvent wurde. Die Betriebswirtschaft spricht hier vom Ertragswert.

Und nun wird doch auch das Vermögen zu einem schwammigen Wert. Denn was wissen wir, wie sich die zukünftigen Erträge entwickeln? Und wenn wir einmal glauben, Gewissheit gefunden zu haben, können sich die Umstände jederzeit ändern, was automatisch den Ertragswert und damit den Marktpreis nach oben oder unten treibt.

Diese Unsicherheit aber verstärkt sich zunehmend; die »Halbwertszeit« stabiler, gleichbleibender Verhältnisse reduziert sich laufend. Dieser generelle Trend ist weder ein Zufall noch schlicht ein Zeichen der Zeit, sondern eine zwangsweise Folge der Ökonomie, genauer: ihrer Intensivierung und Extensivierung. Der ihr inhärente Druck, dem durch die Gewinne stetig wachsenden Kapital immer mehr Anlagefelder zuzuführen (die »Landnahme«), durchdringt auch bis dahin stabile Bereiche und Gemeinwesen. Der Renditedruck beschleunigt alle Prozesse und eliminiert alle »zeitraubenden« Pausen und Puffer. Und die ebenfalls der Ökonomie systemimmanente Konkurrenz zwingt dazu, ungenutzte Gewinnreserven aus den betrieblichen Abläufen herauszupressen.

Die Folgen sind bekannt: Verlässlichkeit ist eine aussterbende Eigenschaft, Umsätze schwanken, im Gleichklang dazu die Einkommen, Preise verharren so wenig wie die Anzeigen an den Zapfsäulen, neue Produkte verschwinden so schnell vom Markt, wie sie kommen, Hersteller sind allenfalls bis Ablauf der Garantiezeit habhaft, wenn überhaupt noch auf dem Globus auffindbar, der Leistungsumfang der Krankenkassen reduziert sich gleichermaßen, wie die Zusatzpolicen erweitert werden, die Einnahmen aus Mieten wie Renten werden eine Funktion von Demographie, Arbeitsbedingungen, Einkommen und steuerlicher Belastung, und diese wiederum getrieben von Wirtschafts- und Schuldenentwicklung und damit von einer undurchsichtigen Gemengelage von nationaler und internationaler Ökonomie, Politik und Macht ... Kurzum: Das einzelne Vermögen, sowohl sein in Geld ausgedrückter Wert wie sein Nutzen für die individuellen Bedürfnisse, wird ein Spielball der in einer durchökonomisierten Welt instabilen Bedürfnisse und Produkte, die Ökonomie im Ganzen ein extrem selbstbezügliches System und damit unbestimmbar. Die Vermögen entarten dann zu Chimären, so wenig real wie das durch ebensolche Rückbezüglichkeit entstandene Bild einer auf den Monitor gerichteten Webcam.

Dieser zirkuläre Charakter ist durchaus nicht ungewöhnlich und den meisten Systemen eigen (»Ein Betrieb ist das, was die Menschen aus ihm machen; der Betrieb wiederum prägt die in ihm arbeitenden Menschen, die wiederum ...«). Solange die zeitliche Abfolge und die Intensität der gegenseitigen Einwirkungen gepuffert werden, erweist sich ein solches System wie auch das einzelne Vermögen durchaus als vergleichsweise stabil. Der Zirkeleffekt und seine schwirrende Unstabilität werden jedoch dann voll wirksam, wenn die ökonomischen Interaktionen ungehemmt ablaufen.

Wir haben diese ungehemmten Rückwirkungen nach der Versteigerung der UMTS-Lizenzen erleben können, als plötzlich Zweifel an den zukünftigen Gewinnen hieraus erwuchsen, sich dieses in den Aktienkursen niederschlug, wodurch deren Besitzer plötzlich einen erheblichen Verlust ihres ökonomischen Vermögens erlebten, womit sich deren relative Verschuldung bedrohlich erhöhte, mit der Folge wiederum, dass diese als ökonomische Akteure und Nachfrager ausfielen, was dann letztlich als Auslöser für die Wirtschaftskrise zu Beginn des dritten Jahrtausends gesehen werden kann.

Oder schauen wir, was vielfach in der 2008 eingesetzten Finanzkrise passierte: Im Bestreben der oben erwähnten Bilanzierungsregeln, die Vermögenswerte so genau und aktuell wie möglich zu ermitteln, mussten die irischen und britischen Banken die Werthaltigkeit ihrer Kredite sofort heruntersetzen, als der Immobilienboom in sich zusammenbrach und die als Sicherheiten verwendeten Häuser im Preis sanken. Damit aber mussten sofort buchmäßige Verluste ausgewiesen werden, selbst wenn die Kredite später ordnungsgemäß hätten bedient werden können – bei der Royal Bank of Scotland zum Beispiel ein zweistelliger Milliardenbetrag. Die Mitteilungen über diese Verluste verursachten sofort einen Run auf die Sparguthaben, überforderten die Liquidität der Institute, blockierten ihre gegenseitigen Finanzierungen und somit ihre Möglichkeiten der Kreditvergabe an die Wirtschaft und erforderten finanzielle Rettungsaktionen des Staates. Im Endeffekt löste also die zeitlich ungepufferte Information alleine über mögliche Kreditausfälle erst die Lawine tatsächlicher wirtschaftlicher und finanzieller Einengung bei Unternehmen und Staat aus.

In genau solch ein Knäuel unentwirrbarer und unkontrollierbarer Wirkungen und Rückwirkungen steuert die Ökonomie als Dauerzustand, wenn sie zum Aufspüren der letzten Gewinnpotentiale physische, regelnde und zeitliche Hemmungen (Inseln wie Währungen wie Sonntage wie Kündigungsschutz) eliminiert, Kommunikationsschranken überwindet und Wellenbrecher (Gemeinschaftsaufgaben wie Infrastruktur, Gesundheit, Kultur, Bildung; gesellschaftliche Strukturen oder ökonomische »Brachen« wie Kirchen) zermahlt und ihrem System einverleibt. Spätestens dann wird offenbar, dass die Ökonomie auf einer Fiktion aufbaut, nämlich materielle Zukunftssicherung in Geld ausdrücken, speichern und mittels Zinsen und Gewinnen beliebig vermehren zu können.

Was man wann zu welchem Preis unter welchen Voraussetzungen wo und überhaupt erhält, benötigt oder verkaufen kann – dieses als »Vermögen« in Zahlen fassen zu können, war aufgrund seiner Selbstbezüglichkeit von Beginn an ein Denkfehler. In Zeiten weniger ökonomischer Güter, langsamer Strukturänderungen und kleiner, abgeschlossener Wirtschaftsräume schlummerte er unmerklich, blitzte lediglich in Fällen von Hyperinflation oder groben Bilanzfälschungen auf, ohne als solcher erkannt oder in der gängigen Diskussion benannt zu werden. Und so wird bis heute, diesen Denkfehler nicht erkennend und Zweifel unterdrückend, die Mehrung von Vermögen und die Minderung von Kosten betrieben, stärker denn je und blind gegenüber den hierdurch verursachten Schäden an Mensch, Gesellschaft und Natur.

Doch was bedeutet Vermögen in Zeiten ständiger Umbrüche, wechselnder Produkte wie Preise und ungewisser Leistungen wie Bildung, Gesundheit und nicht zuletzt der Rente? Dies wird in der schwirrenden, ungehemmten, weder fass- noch aufhaltbaren globalen Ökonomie überhaupt nicht mehr vorherzusagen sein. So verwandelt sich das in Geld bezifferte Vermögen umso mehr in einen Wahn und das Weltgeschehen in einen sozialen und ökologischen Wahnsinn, je mehr es in seiner Sucht nach ständiger Vermehrung über greifbare Dimensionen hinauswächst, Immaterielles und Ideelles vereinnahmt, die Staaten unter Schuldenbergen begräbt, je mehr sein Instrument, die auf Kosteneffizienz getrimmte Ökonomie, Mensch, Arbeit und Natur verbraucht oder aus dem System entfernt und nur noch als ein Wirbel flüchtiger Zahlen und Beziehungen wahrzunehmen sein wird. Dann verflüchtigt sich auch jede Riester-Rente oder sonstige Vermögensbildung. Und auch das als Zukunftsretter beschworene Bildungsvermögen wird mangels verlässlicher Perspektiven keine materielle Existenz mehr garantieren können.

Mag dem einzelnen Vermögensbesitzer die oben aufgezeigte Virtualität noch wenig ausmachen, so lange er real nichts davon spürt, so schlägt sie als kafkaeskes Kostengericht bei den Akteuren brutal zu, entlässt sie oder erklärt sie für konkursreif beziehungsweise überflüssig, nur um ohnehin schon virtuelle Vermögen noch weiter aufzublähen. Wenn das soziale, politische, ökologische und auch wirtschaftliche Umfeld sich dann entsprechend verändert (vermutlich verschlechtert) haben wird, werden aber ganz andere Preise gelten, und die heutigen Entscheidungen könnten sich als ein riesiger Flop erweisen.

Beispiele ließen sich schon heute genügend finden; man denke nur an die »rentablen« Atomkraftwerke oder an die Kosten und Arbeitskräfte »sparenden« Streckenstilllegungen der früheren Bundesbahn, die uns heute einen ökologisch und wirtschaftlich wahrlich kostspieligen Kfz-Verkehr beschert haben.

So hat sich der ursprüngliche Zweck ökonomischen, also leistungslos Ertrag bringenden Eigentums, die Sicherung der materiellen Zukunft, in sein Gegenteil verkehrt. Zukünftige Leistungen Dritter quasi »einfrieren« zu lassen, deren Umfang beziffern und bedingungslos vermehren zu wollen – dies erweist sich als Geburtsfehler der Ökonomie und verwandelt ihren Dreh- und Angelpunkt, das Vermögen, umso mehr zu einem alles Leben und letztlich sich selbst aufsaugenden »Schwarzen Loch«, je stärker es vorangetrieben wird. Und je mehr dieser Denkfehler zum alles durchdringenden System wird, umso stärker müssen zwangsläufig die Unfassbarkeiten und Widersprüche auftreten: Plus (gerne tätig sein) ist minus (Arbeitskosten), null (virtuelles Termingeschäft) wird zu plus (Gewinn), minus (Verbrauch natürlicher und gesellschaftlicher Ressourcen) gilt als plus (Effizienzsteigerung), und schließlich wird sogar wider alle Vernunft unendlich Wertvolles (Leben und Natur) mit einem zerbröselndem Urmeter (nämlich dem Vermögensbegriff) auf endliche Geldbeträge abdiskontiert. Die herrschende Ökonomie muss zur Kenntnis nehmen, dass ihre Mechanik unter den extremen Bedingungen der heutigen Grenzenlosigkeit genauso hinfällig ist wie die Newtonsche Physik bei Lichtgeschwindigkeit.

Vermögen der einen – die Schulden der anderen

Der Wert des gesamten deutschen ökonomischen Vermögens (ohne vermietete Immobilien und ohne nur privat genutztes Vermögen wie Wohnungseinrichtungen oder Eigenheime) beläuft sich auf rund 6000 Milliarden Euro, im Wesentlichen Gewerbe, Industrie, Handel, Dienstleistungen, Versicherungen, Banken und Versorgung. Hinzu kommt der große Sektor der Wohnungsvermietung mit einem Vermögen von ebenfalls rund 6000 Milliarden Euro. Wie wir gerade gesehen haben, zeichnet sich das ökonomische Vermögen dadurch aus, dass es einen Ertrag bringen soll, der auf Dauer mindestens seinem Kauf- beziehungsweise Herstellungswert entspricht, andernfalls es unrentabel und daher erst gar nicht erworben werden würde. Das bedeutet: Auf der Gesamtheit der Wirtschaft, letztlich auf allen in- und ausländischen Käufern, lastet eine Schuld, die mindestens so hoch ist wie der ausgewiesene Vermögenswert. Die Einnahmen aus diesem Vermögen müssen selbstverständlich über den laufenden Arbeits-, Material- und Energiekosten liegen, um Zinsen, Tilgung, Entnahmen, Dividende und Rücklagen für Ersatzbeschaffungen abdecken zu können (dieser Saldo aus Einnahmen abzüglich der laufenden Ausgaben ist der im Wirtschaftsteil der Zeitungen häufig zitierte Cash Flow).

Nimmt man durchschnittliche Kapitalzinsen von zehn Prozent als gewichtetes Mittel aus der hohen Eigenmittelrendite von über 25 Prozent vor Steuern und den niedrigeren Fremdkapitalzinsen von rund sechs Prozent pro anno, errechnet sich ein Betrag von jährlich über 600 Milliarden Euro, den das deutsche ökonomische Vermögen (ohne Mietimmobilien!) als jährlichen Cash Flow im In- und Ausland eintreiben muss, um die ökonomischen Vorgaben zu erfüllen. Das ist das Spiegelbild der ökonomischen Vermögen und unterscheidet sie fundamental von den rein privat genutzten Werten wie dem Eigenheim, der Wohnungsausstattung oder einem gut gefüllten Weinkeller: eine zwar nicht formelle, aber faktische Schuld, über die Preise nicht nur laufende Arbeits- und Materialkosten zu bezahlen, sondern darüber hinaus mit Zins und Gewinn die eingesetzten Kapitalbeträge. Und die Erkenntnisse über die heimliche Umverteilung verrät uns, wer hauptsächlich diese Schuld abzutragen hat: nämlich die unteren 70 bis 80 Prozent der Haushalte. Erwerbswirtschaftliches Vermögen ist also keine spielerische Auftürmung irgendwelcher Gebäude, Maschinen und Geldscheine, sondern entpuppt sich als ein Berg (oder besser Pulverturm?) förmlicher und potentieller Forderungen an Dritte. Sie machen den Zwangscharakter des Vermögens deutlich und nehmen ihm seine Unschuld.

5 Mensch denkt, der Markt lenkt

»Goethe sieht die unsichtbare Hand, aber er will deren Wirksamkeit einschränken, weil er den Egoismus in einen gewissen Kontext mit der moralischen Ebene stellt. Hier verweist er auch auf seinen Freund Sartorius, der meinte: ›Jene Behauptung also, dass jeder, in dem er seinem Privatvorteil nachginge, den Vorteil des Ganzen notwendig befördern müsse, und dass dies Streben der einzelnen in allen Fällen hinreichend sei, um den Nationalwohlstand zur größtmöglichen Vollkommenheit zu bringen, ist durchaus unhaltbar.‹«

Heinz Dürr, »Sichtbare Hand«,
Frankfurter Rundschau vom 14.8.1999 zu Goethes 250. Geburtstag

Der Markt, die »unsichtbare Hand«, intelligenter als eine Sanduhr?

Am Anfang war Adam, nämlich Adam Smith, der Professor für Moralphilosophie. Als solcher pries er 1776 in seinem berühmten Werk *Wealth of Nations* die segensreiche Wirkung des freien Marktes, der alleine den Menschen Wohlstand und Glück bringe. Dies mag heute kitschig klingen, muss aber vor dem Hintergrund der damals beginnenden Industrialisierung und Internationalisierung gesehen werden. In dem Handelszentrum Glasgow erlebte er, wie Handel und Gewerbe Reichtum in die Stadt brachten. Für ihn wurden dann die menschliche Arbeit, ihre effiziente Spezialisierung und der optimale Tausch der Produkte die Quellen des Wohlstands, eine uns selbstverständliche, in der damals noch von Bodenerträgen und starren Strukturen geprägten Gesellschaft jedoch revolutionäre Sicht, die in kurzer Zeit ganz Europa erfasste.

Springen wir ohne weitere Diskussion der Person Adam Smiths und seiner moralischen und ökonomischen Intentionen in die aktuelle Zeit und fragen ganz leidenschaftslos, ob und wieweit dieses bestechend einfache Modell einer optimalen Wirtschaft, das grundsätzlich eine externe politische Steuerung weder erfordert noch erlaubt und auf das sich besonders die »Wirtschaftsliberalen« berufen, stimmig ist.

Vielleicht hilft uns zum Verständnis der Begriff des »freien Spiels der Kräfte«, durch welches unsere Marktwirtschaft auch häufig charakterisiert wird. Ein solches Spiel sehen wir in einfachster Form an jedem Bach, der sich sein eigenes Bett in der Landschaft gräbt, oder auch an einem Segelboot, das in starker Schräglage dem Wind trotzt und seinen Kurs hält. Hier wirken Wind und Schwerkraft aufeinander und finden, vermittelt durch eine geschickte Seglerin, einen stabilen Kurs. Selbst eine Sanduhr spiegelt ein freies Spiel der Kräfte wider und liefert einen verlässlichen Zeitmesser. Auch in ein fröhliches Spiel von Kindern würden wir nicht eingreifen, denn jedes Einwirken von außen würde das offensichtliche Gleichgewicht stören. Diesen kleinen Beispielen gemeinsam sind drei Merkmale eines stabilen, kontrollierbaren und alle Teilnehmer zufriedenstellenden Gleichgewichts:

1. Es findet ein Ausgleich zwischen *gleichzeitig* auftretenden Kräften statt. Dessen Stabilität würde dann, wenn diese Kräfte zu unterschiedlichen Zeitpunkten aufträten, verlustig gehen. Wüssten wir um ein nahendes Gewitter, würden wir die Kinder in einen sicheren Raum drängen, auch wenn uns das zunächst Ärger einbrächte. Und die Sanduhr läuft

stur ab ohne Ahnung dessen, dass sie innerhalb weniger Minuten ihren Vorrat aufgebraucht haben wird.

2. Es wirken annähernd *gleich starke* Kräfte zusammen. In einem Hurrikan könnte auch die beste Seglerin keine stabile Lage für ihr Boot finden; und ein Fußballspiel von ABC-Schützen endete im Nu in Tränen, mischte sich ein Halbstarker ein.

3. Es tritt keine *Rückbezüglichkeit und Selbstverstärkung* der Kräfte auf: Ein kleiner Steuerfehler, so dass mehr Wind ins Segel gelangt, schon dreht sich das Boot mit der Breitseite gegen den Wind, wodurch dieser umso stärker auf das Segel drückt und die Seglerin zu einem Kampf gegen das Kentern herausfordert.

Übertragen auf die Wirtschaft müssen also folgende Voraussetzungen erfüllt sein, um den Markt, das freie Spiel der Kräfte, zum Wohle aller sich selbst überlassen zu können:

1. Die Teilnehmer brauchen keine zukünftig wirkenden Einflüsse zu beachten, die ihr vermeintlich ideal erscheinendes Marktresultat obsolet machen. Genau das droht uns aber in Hinblick auf die fröhliche marktkonforme Ausbeutung endlicher Ressourcen: Der Ölpreis fiel nach der Lehman-Pleite auf fast die Hälfte, obwohl der verringerte Verbrauch die zeitliche Verfügbarkeit nur um Promille verlängert haben dürfte. Die Meere dürfen leergefischt werden, weil der Markt nur den Ausgleich zwischen den aktuellen Anbietern und den aktuellen Nachfragern regelt, zukünftige Nachfrager aber ausblendet.

2. Das Fisch-Fiasko zeigt gleichzeitig, dass ein Marktresultat auch dann das Smith'sche »Wohl aller Menschen« verfehlen kann, wenn seine Teilnehmer ungleich stark sind. Völlig außer Acht gelassen werden bei der Fischereifrage nämlich die Interessen der lokalen, zum Beispiel afrikanischen Fi-

scherei: Ihr werden die Bestände vor ihrer Nase beziehungsweise Küste weggefangen, sie können gegen die übermächtigen Flotten und deren kaufkräftige Kunden in den industrialisierten Ländern keine Marktmacht aufbieten. Und den einheimischen afrikanischen, indonesischen und brasilianischen Bauern geht es nicht viel besser: Ihnen wird ihr Land von internationalen Konzernen weggekauft, weil sich der Anbau von Palmöl als Energiequelle oder von Soja als Futtermittel für den lukrativen Fleischkonsum der Wohlhabenden rechnet (»Land Grabbing« oder vornehmer: Investment in Emerging Markets). Und ist es in irgendeiner Weise fair, wenn hochprozentige Renditebranchen ihren Arbeitnehmern Lohnverzicht mithilfe der Drohung von Abwanderung abpressen können? Wie konnte es nur anders als aufgrund der ungleichen Stärke von Arbeitnehmern und Arbeitgebern dazu kommen, dass in zehn Jahren »Agenda- und Standortpolitik« das Nettovermögen Deutschlands um 1000 Milliarden Euro zunahm und gleichzeitig die Reallöhne sanken? *Warum der freie Markt zur Unfreiheit führt*, mit dieser hieraus rührenden Frage beschäftigt sich der Wirtschaftsethiker Ulrich Thielemann.[32]

3. Der Prozess, ein Marktgleichgewicht zu finden, gerät in einen Prozess sich unkontrolliert verstärkender und auslöschender Bewegungen, wenn diese auf sich selbst zurückwirken. Dies ist umso eher der Fall, je vernetzter die Ökonomie ist und je weniger zeitliche und geographische Puffer zwischengeschaltet sind, kurzum: je globalisierter sie ist. Solche schwirrenden und flimmernden Märkte sind es dann auch, die die ökonomischen Vermögen ihrer Substanz und Stabilität berauben und die davon abgeleiteten Größen Gewinn und Kosten hinfällig lassen werden. Joseph Vogl analysiert in seinem Buch *Das Gespenst des Kapitals* messerscharf, dass die substanz- und reibungslosen, völlig

transparenten Finanzmärkte von der Theorie her die idealen Voraussetzungen für einen Markt bieten, ihr maßloser Umfang und ihre hochfrequenten Schwankungen (vgl. den »Hochfrequenzhandel«) aber belegen, dass gerade ein solcher Markt in Reinkultur nicht funktionieren kann, eben weil sich die Erwartungen der Teilnehmer dort ungebremst in Erwartung einer Hausse hochschaukeln und in Erwartung einer Baisse wie ein Strudel nach unten ziehen. Ungebremste und unbegrenzte Märkte entwickeln sich dann leicht zu »Roten Riesen«, die erst ihre Umgebung aufsaugen und anschließend als »Schwarze Löcher« kollabieren.

Bezeichnenderweise findet sich innerhalb der einzelnen Unternehmen das Marktmodell nur dort, wo die genannten Voraussetzungen gegeben sind: in überschaubaren Arbeitsgruppen, denen eindeutige Regeln, Vorgaben und Vollmachten zugeordnet sind. Was hingegen in der neoliberalen Wirtschaftspolitik als verpönt gilt, praktizieren sie selbstverständlich: Statt sich passiv dem Spiel von Nachfrage und Angebot der Konkurrenz auszuliefern, werden bewusst zukünftige externe und interne Entwicklungen wie der rechtliche, politische, sozioökonomische und ökologische Rahmen, der technische Fortschritt und Personalqualifikationen beachtet und in Unternehmenspläne gegossen, Produkte und Bedürfnisse »proaktiv« gestaltet und gesteuert, wird möglichst nichts dem Zufall, das heißt dem Markt überlassen.

Ist schon eine Unternehmensplanung ein schwieriges und beileibe nicht erfolgsgarantiertes Unterfangen, ist eine ganze Volkswirtschaft kaum planbar, wofür nicht extra auf die sattsam bekannten Beispiele verwiesen werden muss. Eingedenk der ökonomischen Schieflagen der 1920er Jahre, die insbesondere die Arbeiterschaft und kleinen und mittleren Unternehmen an den Existenzrand trieben, zielten die »Ordoliberalen«

um Ludwig Erhard daher auf ein ausgewogenes Wirtschaftssystem. Sie schufen mit der »Sozialen Marktwirtschaft« eine Synthese zwischen der Dynamik des Marktes und einer Ordnung, die dank Kündigungsschutz, Mitarbeiterbeteiligung, Förderung der Gewerkschaften und bis dahin nicht gekannter sozialer Leistungen die prinzipiell benachteiligten Marktteilnehmer stärkte und davor bewahrte, im Markt abgedrängt zu werden. Dieses Modell arbeitete über Jahrzehnte offensichtlich zur Zufriedenheit von Unternehmen, Arbeiterschaft, Verbrauchern und Politik – bis die Kräfte der Globalisierung es hineinzogen in den globalen, extrem volatilen Markt.

Friedrich List erkennt weitsichtig Nachhaltigkeit und Marktgläubigkeit

Nicht erst seit der 2008 eingetretenen Finanzkrise werden Zweifel am unbedingten Marktsegen laut. Friedrich List, gemeinhin nur als Pionier des deutschen Eisenbahnwesens bekannt, kritisierte bereits 1840 mit deutlichen Worten, dass das Reichtumsstreben der einzelnen Individuen und Unternehmen, wie es gemäß Adam Smith Menschen und Nationen diene und am besten mittels des Marktes geschehe, keinesfalls die Wohlfahrt eines Staates garantiere: »Liegt es in der Natur des Individuums, auf die Bedürfnisse künftiger Jahrhunderte Bedacht zu nehmen, wie dies in der Natur der Nation und des Staates liegt? ... Nein! In der Nationalökonomie kann Weisheit sein, was in der Privatökonomie Torheit wäre, und umgekehrt, aus dem ganz einfachen Grunde, weil ein Schneider keine Nation und eine Nation kein Schneider ist.«[33] List betont hiermit, dass dem Markt der Zeithorizont abgeht, er nur die aktuell wirkenden Kräfte in Betracht zieht. Und dass sich bei diesen schnell ein Ungleichgewicht einstellt, das zu Lasten der anderen wirkt, belegt er damit, dass die seinerzeitige industrielle Vorherrschaft Englands nur »auf Kosten des Wohlstands seiner eigenen Manufakturarbeiter gewonnen« wurde.

Was List dagegen in seiner Schrift von 1840 wie in seinem Hauptwerk *Das nationale System der politischen Ökonomie* von 1841 als »Gewerbsproduktivkraft« bezeichnete, die es zunächst zu entwickeln und zu sichern gäbe, *bevor* das Streben nach persönlichem Reichtum im Sinne Adam Smiths sich ungehindert entfalten mag, stellt letztlich nichts anderes dar als das heutige Konzept der Nachhaltigkeit. Es ist der ökonomische, technische, politische und soziale Humus eines Staates, aus dem heraus erst ein langfristiges Gedeihen erwächst. List verlangte daher nicht nur die Schaffung seinerzeit moderner Eisenbahnverkehrsnetze, Bildungseinrichtungen oder den Schutz vor anfänglich übermächtiger Konkurrenz, sondern genauso eine breit angelegte soziale Absicherung für die Arbeiter und Arbeiterinnen wie Mitarbeiterbeteiligung, ausreichenden Lohn, auch für Frauen, oder Nationen übergreifende Sozialstandards. Selbst erste ökologische Ansätze sind in seinen unerhörten »Hypothesen« zu erkennen, nämlich kostengünstige und dezentrale, von Dampfkraft unabhängige Energiesysteme. Auch dem Soziologen Dieter Senghaas[34] zufolge thematisierte List niemals einzelne Faktoren als isolierte Größen, wie es automatisch die Marktteilnehmer tun, sondern immer eine Vielzahl von ihnen in ihrer Wechselwirkung.

Wer so klar und weitsichtig die Zusammenhänge für ein nachhaltiges Wirtschaftssystem erkannt hat, dessen 1840er Einschätzung des Klassikers Adam Smith müsste doch jedem zu denken geben: »Sein Biograph bezeuge, ›er besitze zwar einen tief forschenden Geist, aber nicht einmal so viel generalisierenden Verstand, um den ganzen Charakter eines Menschen richtig aufzufassen.‹« Und: »Die Gabe, die einzelnen Doktrinen zu einem harmonischen Ganzen zu verbinden, besaß er keineswegs.«[35] So wird man sich verwundert fragen, wie es möglich ist, dass List dennoch in den gängigen volkswirtschaftlichen Lehrbüchern (zum Beispiel im »Samuelson«) eine verschwindende Rolle spielt, sofern überhaupt eine. Passt er nur einfach nicht in das Denken der Marktgläubigen, die dem Markt *alles* anvertrauen, eben auch die Zukunft?

Braucht der Markt die Ökonomie oder die Ökonomie den Markt?

Kritik am Turbo- und am Finanzkapitalismus wird häufig mit der Replik beantwortet, man wolle doch nicht die erfolgreiche Marktwirtschaft abschaffen. Gerade die im ersten Kapitel näher betrachtete Initiative Neue Soziale Marktwirtschaft verfolgt eindeutig klassische ökonomische Ziele der Gewinn- und Renditesicherung, firmiert aber unter dem Logo der Marktwirtschaft. So wird in der Öffentlichkeit der Eindruck suggeriert, Kapitalismus und Marktwirtschaft gehörten untrennbar zusammen wie die zwei Seiten einer Münze. Natürlich aber gibt es den Basar, wo Produzenten und Händler ihre Erzeugnisse feilbieten und wo Käufer sie finden und zu einem möglichst günstigen Preis erwerben wollen, schon weitaus länger als die kapitalistische Ökonomie und unverändert an Orten, die mit dieser Ökonomie nichts gemein haben, seien es Tauschbörsen im Internet oder Bauernmärkte in der Ukraine. Das Marktsystem wird also überall dort angewendet, wo Menschen und Betriebe miteinander wirtschaften, das heißt Güter, Arbeit und Geld untereinander optimal austauschen wollen, es ist nicht an eine bestimmte Wirtschaftsform gekoppelt.

Umgekehrt aber ist die moderne Ökonomie auf den Markt angewiesen. Zunächst natürlich, um ihre Produkte (mit Gewinn) verkaufen zu können; dies ist ja ihr ureigenes Wesen, nur graduell von früheren »kommerziellen Ökonomien« (David Graeber) unterschieden. Diese Funktion wäre auch schon mit nur einem Anbieter erfüllt, der sich mit einem oder mehreren Nachfragern auf einen Preis einigt, der für beide Seiten akzeptabel ist – oder nicht. Doch zur kapitalistischen Marktwirtschaft gehört zwingend der Wettbewerb der Anbieter. Dies erscheint auf den ersten Blick als verwunderlich, macht es doch den Unternehmen das Leben schwerer und schmälert es aufgrund des Preisdrucks zunächst die Gewinnmargen.

Dienen der Wettbewerb und seine politischen Hüter in Brüssel und Berlin also den Verbrauchern, quasi als Korrektiv eines überbordenden Kapitalismus? Ja und nein. Unbestreitbar fördert der durch den Markt ermöglichte Wettbewerb Produktverbesserungen und Preissenkungen und damit, wie von Adam Smith gewollt und postuliert, die Wohlfahrt (genauer: den Wohlstand) des Landes. Gleichzeitig aber – und das ist der Clou – sichert und steigert der Wettbewerb die Kapitalrendite. Er zwingt nämlich die Unternehmen zum Ausschöpfen aller internen Leistungsreserven wie auch zu höchster Produktattraktivität, er presst die Lieferanten und eliminiert gnadenlos die Unternehmen, die in ihrer Rentabilität nicht mithalten können. »Schöpferische Zerstörung« nannte das Joseph Schumpeter, der berühmte Nationalökonom der ersten Hälfte des vorigen Jahrhunderts. Sie sichert und fördert den Renditestandard, ebenso wie das System der Fußball-Ligen den Leistungsstandard. Dieser Wettbewerbsdruck wirkt innerhalb der Unternehmen auf die einzelnen Betriebe durch. So müssen sich in der Automobilindustrie die einzelnen Werke eines Konzerns samt ihrer Belegschaft mit verbindlichen Kostenvoranschlägen um die Produktion bestimmter Modelle bewerben; was früher Abteilungen waren, wird in Cost- und Profitcenter umgewandelt, die mit den Kosten beziehungsweise Preisen externer Dienstleister verglichen werden und mit Leistungsboni die einzelnen

Mitarbeiterinnen in diesen Wettbewerb mit hineinziehen. Ein Werk, das nicht mithalten kann, wird outgesourct oder verkauft, wie es vor dem Verkauf von Schering an die Bayer AG mit der Hälfte seiner Betriebsstätten geschah, weil diese nicht das 18-Prozent-Renditeziel erreichten. Und ein Management, das die vorgegebene Rentabilität nicht schaffen oder halten kann, wird von den Anteilseignern durch unmittelbare Konsequenzen oder durch Entzug des Kapitals und Wechsel zu einem rentableren Unternehmen abgestraft, etwa in ein Land mit geringeren Lohnkosten, Sozial- und Umweltstandards.

Schumpeters »schöpferische Zerstörung« – zu kurz gerechnet?

Gemäß der Theorie würde ein perfekter Markt, das heißt insbesondere ein Markt, dessen Teilnehmer über alle Informationen verfügen, letztlich ein Gleichgewicht schaffen. Hier soll jetzt nicht diskutiert werden, ob diese Voraussetzung jemals erfüllt werden kann (allein die vorab angesprochene Rückkopplung der ökonomischen Aktivitäten verbietet eine solche Annahme), sondern das Augenmerk allein auf die so romantisch an Caspar David Friedrichs Ruinenbilder erinnernde »schöpferische Zerstörung« gerichtet werden: Was bedeutet die Aufgabe, der Konkurs einer Unternehmung wirklich?

Tatsächlich sind längst nicht alle Unternehmen in der Lage, das große Rad auf dem globalen Markt zu drehen und sich unangreifbare Positionen zu sichern. Besonders kleine und mittlere Unternehmen balancieren auf einem schmalen Grat zwischen Gewinn und Verlust, und wenn sie aufgrund überraschender Preis- oder Produktentwicklungen der Konkurrenz oder schlichter menschlicher Fehler schwächeln, sprich: Verlust machen, stürzen sie sehr schnell auf der unbarmherzigen Eisbahn des ökonomischen Überlebens nach unten, Mitarbeiter, Kunden, Lieferanten, Gläubiger, Gesellschafter und das wirtschaftliche Wohl ihrer Kommune mit sich reißend. Es ist schon eigentümlich, dass gerade sich christlich nennende Parteien einen solchen »gnadenlosen«, das heißt keinen Fehler verzeihenden Wettbewerb fördern und fordern. Dass dieser ständige Überlebenskampf beziehungsweise Sozialdarwinismus keinesfalls ein natürlicher Vorgang ist, macht Dieter Schneider in seiner *Betriebswirtschaftslehre* deutlich, wenn er darauf hinweist, dass in der Natur auch die weniger Fähigen überleben, wenn sie sich gerade noch hinreichend an ihre Umwelt anpassen können. Weil aber die kommerzielle Quartalsrechnung keine Geduld kennt, können Unternehmen aus der Bahn geworfen werden, die unter späteren Umständen möglicherweise sehr wohl erfolgreich wären. Was mit jedem Unternehmenszusammenbruch auch verloren geht, sind gewachsene Strukturen, Beziehungen und Erfahrungen, die unwiederbringlich sind oder die wieder aufzubauen unverhältnismäßig mehr Mühen kosten kann als der Erhalt von so manchem dieser Unternehmen. Diese weichen »Transaktionskosten« jedoch und die Verluste, die die übrigen Stakeholder des Unternehmens erleiden, sie werden vom ökonomischen Kalkül nicht erfasst.

Hier drängt sich ein Vergleich mit Entwicklungen in der Natur auf, deren Schätze (gesundes Klima, Erholung, Heilmittel und so weiter) unbewusst zerstört werden, häufig bevor sie und ihre Werte überhaupt richtig wahrgenommen wurden oder werden konnten. Immerhin schneidet ein Gärtner nicht jeden Ast eines Apfelbaums gleich ab, nur weil er in der letzten Saison mal keine Früchte getragen hat. Und nicht nur für Menschen ist es selbstverständlich, dass jungem Leben Schutz zu seiner Entwicklung geboten wird und zumindest zeitweilig Ruheräume zur Verfügung stehen. Neugegründete Unternehmen sehen sich stattdessen von Anfang an dem eisigen Wind des

»knallharten Wettbewerbs« ausgesetzt. Und entgegen jeglichem natürlichen und sinnvollen Ablauf können sich Unternehmen zu keinem Zeitpunkt eine schöpferische oder auch schlicht regenerative Pause erlauben. Glaubt man denn wirklich, dass ein solches System, in dem alle Schutz- und Ruhezonen eliminiert werden, zum Erreichen eines realen gesamtwirtschaftlichen Optimums führen kann? Friedrich List betonte schon in seiner frühen Schrift von 1840 die in der heutigen Wirtschaft völlig aus dem Blickfeld geratene Schutzwürdigkeit des *Potentials,* das in Unternehmen steckt. Gegen das Stieren auf kurzfristige Quartalsergebnisse setzte er »das Prinzip der *Stetigkeit und Kontinuation,* welches ... die Basis großer Leistungen ist«.[36]

Anstatt auch die langfristigen Kräfte des Produktiven und Kreativen zu fördern, maximiert die globale Marktradikalität nur kurzfristig die Effizienz und die Kapitalrentabilität, bemerkt dabei aber nicht, was der damit einhergehende strenge Ausschluss von vielleicht nur zeitweise weniger rentablen und effizienten Unternehmen und ökonomisch weniger ausgebufften Regionen als Deutschland bewirken kann: die Verschleuderung des in den Unternehmen und ihrem Umfeld steckenden Potentials.

Aktuell ist dies in der Solarbranche zu beobachten: Man mag die Verdrängung der Hersteller von Solarpaneelen durch billigere Konkurrenz aus China und damit den Verlust vieler Arbeitsplätze als positiven Anreiz sehen, die relativ simple Photovoltaik vergleichbar der Autotechnik in ein hochkomplexes System von Energiegewinnung und -nutzung aufzurüsten. Doch wenn die durch Managementfehler finanziell angeschlagene Solar Millenium AG geschreddert wird, verlässt ein Unternehmen die Bühne, das im Bau industrieller Solarkraftwerke in den USA und zuletzt für eine halbe Million Menschen in Spanien und in der Planung des Desertec-Projekts in der Sahara an vorderster Linie stand, ohne dass »der Markt« von selbst ein solch einzigartiges Know-how organisieren und ersetzen könnte.

Müssen Märkte denn grenzenlos sein?

Der globale Wettbewerb der Unternehmen setzt sich nicht nur nach unten, zu den Mitarbeitern und Lieferanten durch, er erfasst ebenso seitwärts die Kommune, die Region, ja den ganzen Staat. Anfänglich geht es um die Verkehrswege, womit der Wettbewerb der Standorte und Logistikunternehmen um die schnellsten und kostengünstigsten Transporte entbrannt ist. Der Trend hin zu Gigalinern auf den Meeren, den Kanälen und auf den Straßen und die damit erzwungenen milliardenteuren Ausbaggerungen und Erweiterungen der Verkehrsflächen – das ist Teil eines global vernetzten Marktes und Wettbewerbs, in den auch die Politik einbezogen wird. Mittlerweile ist es beileibe nicht mehr nur die Infrastruktur, die schon Friedrich List in weiser wie weiter Vorausschau vorantrieb, heute verlangen Unternehmen, damit sie in einer Region bleiben können und wollen, auch eine hervorragende Ausbildung, ein politisch stabiles Umfeld für Produktion und Absatz und möglichst geringe staatliche Belastungen. Entsprechend richten die Hochschulen ihre Lehr- und Forschungsinhalte immer stärker an den Bedürfnissen der Wirtschaft aus, und die Politik versucht, die Sozialpartner friedlich und die Kapitalsteuern wettbewerbsmäßig niedrig zu halten. Wie sonst könnte Apple sich brüsten, im Schnitt nur 1,9 Prozent Steuern außerhalb der USA auf seine Gewinne entrichten zu müssen? Wer diese Anpassungen verschläft, findet sich wie Großbritannien und selbst die USA bald in industriellen Wüsten wieder, die die wirtschaftliche Struktur nachhaltig geschwächt und mit der ersatzweisen Ansiedlung der Finanz»industrie« eher verschlimmert als verbessert haben.

Das Einsetzen der »Standortdebatte«, politisch betrieben und mit der Agenda 2010 gesetzlich erzwungen, manifestiert eine weitere Stufe des globalen Wettbewerbs. Sie entlastete die Wirtschaft so sehr von den Arbeitskosten, dass Deutschland einen Zahlungsüberschuss von jährlich rund 100 Milliarden Euro erwirtschaftete und sein Nettovermögen (Forderungen abzüglich – auch staatlicher – Verbindlichkeiten gegenüber dem Ausland) auf eine Billion Euro stieg. Umgekehrt erging es den Ländern, die sich nicht permanent fit und schlank hielten. Sie wurden von demselben Markt, der Deutschland mit Aufträgen nach oben schwemmte, auf den Grund gedrückt. Statt die schon längst erkannte Klientelpolitik und den jedes Maß überschreitenden Bauboom bewusst einzudämmen, ließ man es die Märkte – zugrunde – richten. Jetzt diese Länder wieder auf eine wirtschaftlich gesunde Bahn zu bringen erweist sich als wesentlich schwieriger und für alle teurer, als es eine frühere Steuerung und Korrektur getan hätte.

Die systembedingt wachsende Ökonomie ist auf den globalen Markt angewiesen und mutiert den ursprünglich lokalen Basar, auf dem Käufer und Verkäufer gleichberechtigt und etwa gleichgewichtig miteinander handelten, in eine weltweite marktkonforme Gesellschaft, in der das Kapital dank seiner Mobilität die Übermacht gegenüber Gewerkschaften und der Politik errungen und die Verbraucher fest in ihre Fänge gezogen hat. Eine stärkere Begrenzung der Märkte erscheint nunmehr vielen als einsichtig, um überhaupt wieder nationale Handlungsfreiheit zu erlangen und eine Wirtschaft zu ermöglichen, die der jeweiligen kulturellen Eigenart entspricht.

Weshalb muss Südeuropa »am deutschen Wesen genesen« statt gemäß seiner kulturellen Eigenart eines »Weniger haben und besser leben« wirtschaften zu können? (Mehr haben an schicken Importprodukten und (!) besser leben als die fleißigen Exportländer funktioniert freilich auch nicht auf Dauer.) Deshalb wird diesen Ländern eine Wiederbelebung der nationalen Währung, gegebenenfalls parallel zum Euro, angeraten, um die nationale Wirtschaft dem unerbittlichen Druck der »fitten« Länder zu entziehen. Freilich würde dies wiederum deren Exporterfolge einschränken, doch wäre dies wirklich von Schaden? Was geschieht denn mit den Handelsbilanzüberschüssen, soweit sie nicht in Auslandsurlauben verspeist werden? Sie sammeln sich billionenweise auf den Konten Chinas und Deutschlands an und heizen damit die Finanzmärkte nur noch weiter an, während die Arbeitnehmer Reallohnverluste erleiden, die staatlichen Haushalte unter einem Schuldenberg ächzen und weiterer Abbau staatlicher Leistungen droht.

Erst jetzt gerät eine Binsenweisheit in den allgemeinen Fokus, auf die weitsichtige Ökonomen wie Heiner Flassbeck, Albrecht Müller, Peter Bofinger und Rudolf Hickel schon lange hingewiesen haben: Es können nicht alle Länder der Welt mehr exportieren als importieren. Eine so sehr auf Exportüberschüsse angewiesene Ökonomie wie die deutsche oder chinesische kann kein Modell der Zukunft sein. Es unterdrückt oder verhindert die technisch-wirtschaftliche Entwicklung der anderen Länder oder zwingt ihnen auf die Dauer ein Lebens- und Wirtschaftsmodell auf, das ihnen nicht entspricht. Wenn Institutionen und Abkommen wie IWF (Internationaler Währungsfonds), WTO (World Trade Organisation), GATS (General Agreement on Trades in Services im Rahmen der Welthandelsorganisation WTO) und TRIPS (Trade-Related Aspects of Intellectual Property Rights; Abkommen über handelsbezogene Aspekte der Rechte an geistigem Eigentum) heute den freien und grenzenlosen Welthandel fordern und forcieren, sei noch mal Friedrich List zitiert, der in der Zeit des aufkommenden internationalen Freihandels den Blick auf die damit einhergehende Belastung für die einheimischen Bevölkerungen lenkte. Unter Verweis auf den für die Kaufleute Chinas und Englands gewinnreichen Opiumhandel lässt List den Gouverneur von Kanton ausrufen:»Was soll uns dieser Gewinn, den unsere Hong-Kaufleute an Werten machen? Jene Ware (nämlich das von den Engländern gelieferte Opium), die wir für unsere Seide und Tee eintauschen, dient nur dazu, unsere ganze Zivilisation und damit unsere ganze produktive Kraft zu untergraben!«[37] Und eine ungleich aktuellere Meldung aus der *taz* vom 12. Dezember 2012 besagt, dass durch ein von der EU mit Peru und Kolumbien vereinbartes Freihandelsabkommen die Existenz von einer halben Million Kleinbauern gefährdet ist, da sie mit der Industriemilch aus der EU preislich nicht konkurrieren könnten.

Doch wir müssen nicht nur um den ganzen Globus schauen, um zu erkennen, dass Grenzenlosigkeit eine der drei wesentlichen Voraussetzungen für ein optimales Gleichgewicht verhindert, nämlich die ungefähre Gleichgewichtigkeit der Marktteilnehmer. Es reicht schon ein Blick auf die touristisch gefragteste Nordseeinsel, auf Sylt: Dort sind die Reichen und ganz Reichen von außerhalb bereit, jeden Preis für Immobilien zu bezahlen, so dass die einheimische Bevölkerung in Wohnungsnot gerät und immer mehr Insulaner wegziehen müssen, allenfalls als Arbeitnehmer täglich herüberpendeln. Nur Inseln mit strenger Bau- und Zuzugsregelung können ihre Identität bewahren, doch diese Dämme werden durch vehement betriebene EU-Freizügigkeitsregeln immer stärker angeknabbert.

Nicht nur geographische Grenzenlosigkeit gefährdet die Märkte, sondern auch ein maßloses Wachstum ihrer Teilnehmer. Tatsächlich leisten sich viele Länder und die EU Kartellbehörden, die eine übergroße Marktmacht einzelner Konzerne verhindern sollen. Doch muten diese Behörden angesichts der globalen Energiemonopole, aber auch der Finanzfonds wie zahnlose Tiger an. Dass deren Volumina jedes effektive Maß überschritten haben, davor wird schon seit Jahren gewarnt. Doch erst seit Ausbruch der Lehman-Pleite und der anschließenden Krise im Euroraum wird über deren Begrenzung nachgedacht. Die ins Auge gefasste Finanztransaktionssteuer wird zwar nicht die Geldmengen der agierenden Fonds vermindern können, doch zumindest die Häufigkeit ihres Umschlags. Auch physisch überschreiten die globalen Akteure Grenzen, ohne dass sich zum Wohle aller Marktteilnehmer eine unsichtbare Hand erhebt. Gewaltige, für den globalen Markt ausgelegte Kapazitäten überschwemmen zu niedrigen Preisen die Welt. Sie verdrängen wie das genmanipulierte Saatgut einheimische Waren und treiben die lokalen Akteure in Abhängigkeit und Verzweiflung. Sie werden sofort millionenfach und im globalen Umfang eingesetzt, bevor irgendwelche Erfahrungen damit gesammelt werden können. Die bitteren Erfahrungen der Menschen mit DDT, FCKW und der Kernkraft gehen in dem ungleichen Kräfteverhältnis unter, Mobilfunk und Nanotechnik werden weltweit eingeführt, ohne vorab im kleinen Maßstab und in einem angemessenen Zeitraum mögliche Gefährdungen sich erweisen zu lassen.

Der nahe der Küste lebende Autor kann nicht umhin, ein weiteres Beispiel von Gigantonomie aufzugreifen, das vermuten lässt, dass das ominöse Wesen mit der unsichtbaren Hand blind ist, den allseitigen Schaden grenzenloser Marktaktivitäten zu erkennen. Ich spreche von der Größenzunahme im Containerverkehr. Waren die Seehäfen über viele Jahre hinweg auf Schiffsgrößen von 10 000 (Standard-)Containern ausgelegt, was schon einer Lkw-Kette von rund 100 km entspricht, sind mittlerweile Kapazitäten von 14 000 und demnächst 18 000 Containern zu bewältigen. Hierfür werden alleine in Deutschland Hunderte von Millionen Euro zur Vertiefung der Seefahrtswege und Erweiterung der Hafenbecken verbuddelt, die Anrainer von der Verschlickung ihrer Flusshäfen betroffen und wird die Natur durch die Kanalisierung und Versalzung der Ufer in Mitleidenschaft gezogen. Zudem warnen die Deichhauptleute vor den durch die Vertiefung vergrößerten Wassermassen im Falle einer Sturmflut. Und wer profitiert? Die Economies of Scale, der Skaleneffekt, die Kostendegression bei Kapazitätswachstum, spart tatsächlich zehn bis zwanzig Prozent an Frachtkosten ein, die der Markt zweifellos auf Dauer an die Konsumenten weitergibt. Und was bedeutet das? Die Transportkosten von China nach Europa, die derzeit bei rund einem Euro pro Fernseher liegen, sinken um zehn bis zwanzig Cent. Ob das der Kunde jemals spüren und gar honorieren wird, ist mehr als fraglich, die Schäden an Natur und Anrainern und die gewaltigen Ausgaben an Steuergeldern für ein Atom an finanziellem Vorteil sind es sicher nicht. Aber vielleicht wird ein physischer Deichbruch die Politik bewegen, wie auf den Finanzmärkten auch hier über einen Damm gegen ein grenzenloses Wachstum nachzudenken. Auf die Existenz eines automatisch alles zum Guten führenden Marktmechanismus sollten wir uns jedenfalls nicht verlassen, sondern mit dem eigenen Verstand erkennen, wo man Märkte tatsächlich sich selbst überlassen und wo frau steuernd eingreifen und korrigieren sollte.

6 Kostbare Kosten und gedopte Effizienz

»Natürlich ist Ökonomismus in der Ökonomie sinnvoll. Ein Unternehmen, das nicht effizient arbeitet, kann im Wettbewerb nicht überleben. Wenn die Kosten niedrig sind, nützt das auch dem Verbraucher, also uns allen, weil dann die Preise niedrig sein können ... Aber Effizienz hat auch in Unternehmen ihre Grenzen. Die setzt der Mensch, weil sein Bedürfnis nach Erholung, Entspannung, Abwechslung, Beständigkeit, Regelmäßigkeit in Konkurrenz tritt zu den Anforderungen der Arbeit. In den letzten Jahren haben sich diese Anforderungen geändert. Mehr denn je wird von den Arbeitnehmern verlangt, mobil zu sein, flexibel und international orientiert, alles auf höchstem Effizienzniveau.«

Dirk Kurbjuweit, *Unser effizientes Leben*

Der Kostendiktator

»Was kostet das?« dürfte nach »Wie wird das Wetter?« eine der meistgestellten Fragen sein. Während Wind und Regen uns aber nicht viel antun, treibt uns die Suche nach den kostengünstigsten Gütern in die letzten Winkel des Internets, verbieten die Kosten den Unternehmen familienfreundliche Arbeitszeiten und bringen sie nicht wenige Arbeitnehmer gar um ihren Job. »Die Kosten sind zu hoch, die Kosten müssen gesenkt werden, die Kosten erzwingen unbezahlte Mehrarbeit, an der Kostensituation geht nichts vorbei ... «, kurzum: Leben, Arbeiten und Konsumieren stehen unter dem unerbittlichen Kostendiktat. Frage ich Erstsemester der BWL nach den wichtigsten Unternehmensaufgaben, steht bei den Antworten das Kostensenken ganz oben – weit vor anderen für den Unternehmenserfolg bedeutsamen Funktionen wie Marketing, Personalführung oder Qualitätsmanagement. Über Kosten wird nicht diskutiert – sie müssen einfach reduziert werden. Offensichtlich sind uns die Kosten als etwas Schädliches eingeprägt, als Verluste. Und tatsächlich definiert die Betriebswirtschaftslehre sie als einen »Werteverzehr«. Doch schauen wir genauer hin:

1. Was Wertvolles wird durch Arbeiten verzehrt, solange es uns nicht körperlich und seelisch ausbrennt? Im Gegenteil stiftet es für die meisten Menschen den Lebenssinn, wie umgekehrt die Arbeitslosigkeit sie krank macht.
2. Sind nicht Naturschätze, Flächen, Muße und Zeit für Familie und Freunde etwas Wertvolles? Diese aber werden ungefragt und unbezahlt eingesetzt und geopfert, wenn sie nicht wie Erdöl oder knappe Baulagen ökonomisches Eigentum sind.
3. Ein Viertel der von allen erbrachten Wirtschaftsleistung geht mittlerweile direkt und indirekt für Zinsen und Gewinne drauf. Diese als Kosten darzustellen, stellt den Sachverhalt geradezu auf den Kopf: Verzehrt werden vielmehr Arbeitnehmer und Konsumenten, die durch erhöhte Leistungsanforderungen, niedrigere Löhne und höhere Preise diese leistungslosen Einkommen schaffen müssen. Einkommen dafür, dass nicht benötigtes Geld verliehen wird, das seine Qualität zudem nicht von den Geldbesitzern, sondern von der Leistung und einer generationenlangen Vorleistung von Staat, Gesellschaft und tüchtigen Unternehmen emp-

fängt? Welch unfassbarer Freiraum für eine nachhaltige Gestaltung der individuellen und gesellschaftlichen Zukunft täte sich vielmehr auf, verzichtete das Vermögen nur fünf Jahre zugunsten des Staates auf nichts als lediglich seine Vermehrung: Die gesamte öffentliche Hand wäre schuldenfrei, die Blockade zukunftsträchtiger öffentlicher Aufgaben und Investitionen wäre abgetragen.

Anders als diese wolkig verschleiernde Lehrbuchdarstellung liefert uns jeder Buchhalter einen unverblümten Zugang: Kosten sind Minderung des Eigenkapitals, dem Saldo von Vermögen und Schulden. Geschichtlich ist die geradezu panische Angst vor einem Verlust des Eigenkapitals nachvollziehbar, bedeutet doch ein negativer Wert nichts anderes, als dass das Unternehmen weniger Vermögen als Schulden hat und somit als überschuldet gilt. Sollten also in diesem Moment alle Schulden zurückbezahlt werden müssen, könnte selbst die Hergabe allen Besitzes diese nicht abdecken; man landete in früheren Zeiten in der Sklaverei, in der Schuldknechtschaft oder im Schuldturm. Tatsächlich wird es für Unternehmen dann dramatisch, wenn sie ihren Zahlungsverpflichtungen nicht mehr nachkommen können, was aber unabhängig von einer bilanziellen Überschuldung eintreten kann. Wenn auch heute ein flexibles Insolvenzrecht mehr Möglichkeiten einer anschließenden Sanierung bietet, ist die Sorge um den Erhalt des Eigenkapitals durchaus berechtigt, denn eine zunehmende Verschuldung steigert die Ausgaben für Zinsen und Tilgungen und damit genau die Gefahr einer Zahlungsunfähigkeit. Eine Abnahme des Eigenkapitals ist sicher ein starkes Gefahrensignal und sollte unter allen Umständen verhindert werden, ein unbedingtes Kostensparen ist dann nichts als eine Überlebensmaßnahme.

Beide Definitionen der Kosten, als Werteverzehr oder als Minderung des Eigenkapitals, betrachten freilich nur die Rückseite der Unternehmenstätigkeit; denn vornehmlich besteht deren Aufgabe natürlich darin, Umsätze zu generieren. Erst die Differenz von Umsatz zu Kosten liefert das Ergebnis, ob mit Gewinn oder Verlust gearbeitet wurde, das Reinvermögen also zu- oder abnahm. Arbeits-, Material- und Anlagenkosten sind unerlässlich, um die Leistungen zu erstellen, doch sollen sie von den daraus erzielten Erlösen so weit wie möglich übertroffen werden. Jede Argumentation über zu viele Kosten gibt also erst dann einen Sinn, wenn sie im Zusammenhang mit den Gewinnen geführt wird. Wenn die Arzneimittelfirma Schering vor einigen Jahren die Hälfte ihrer Betriebe wegen zu hoher Kosten schloss oder verkaufte oder Nokia aus demselben Grund nach Rumänien wechselte, dann nicht, weil sie Verluste machten, sondern weil den Eigentümern die Gewinne nicht ausreichend hoch erschienen. Im Falle Schering erreichten sie, wie bereits erwähnt, die Vorgabe von 18 Prozent pro anno nicht.

Wer sich näher mit der Kostenrechnung auskennt, weiß, dass es weder gesetzliche Vorschriften noch irgendwelche »wahren« Zahlen gibt, zu vielfältig sind ihre Methoden und Ansätze. Alleine schon die Frage, ob und wie die »Overheads« von Verwaltung, Entwicklung, Marketing und Gebäuden auf die einzelnen Mitarbeiter und Produkte umgelegt werden, eröffnet eine riesige Bandbreite möglicher Resultate. Weniger bekannt dürfte ferner sein, dass auch Kostenarten angesetzt werden, die in den Unternehmen gar nicht als echte Zahlungen anfielen. So werden häufig als Kapitalkosten nicht nur die tatsächlich zu zahlenden Kreditzinsen und von den Gesellschaftern verlangten Gewinne angesetzt, sondern auch Kosten auf Fremdkapital gerechnet, das wie im Falle von Lieferantenverbindlichkeiten mit keinen Zinszahlungen verbunden ist. Oder ThyssenKrupp kalkuliert die hohen Eigenkapitalzinsen auf eine Sollgröße, die doppelt so hoch ist wie die tatsächliche.[38] Auch können Kosten berechnet werden, die nie oder erst in weiter Ferne als Zahlungen anfallen. So konnten etwa Energieversorgungsunternehmen über Jahrzehnte hinweg fiktive Kosten für den Rückbau der Atomkraftwerke ansetzen und sich Steuer- und Gehaltsforderungen gegenüber entsprechend arm rechnen. Vergleichbares tun sie aktuell mit den Emissionszertifikaten, indem sie darauf Kosten ansetzen, obwohl sie ihnen umsonst zugeteilt wurden. Undurchschaubar sind auch betriebsinterne Kostenrechnungen dort, wo Unternehmensfunktionen abrechnungsmäßig in Cost- und Profitcenter eingeteilt werden, denen Zuarbeiten anderer Center, zum Beispiel der IT-Abteilung oder der Lagerhaltung, nach grundsätzlich willkürlichen Maßstäben zugeordnet werden. Damit können Unternehmen beispielsweise das Steueraufkommen ihrer verschiedenen Standorte gemäß der jeweiligen Steuerlast steuern und minimieren, aber auch die Standorte gegenseitig ausspielen und unter vermeintlichen Kostendruck setzen.

Beruhen einerseits Kostenangaben auf einem kaum zu durchdringenden Konglomerat von tatsächlichen und beliebig in der Zukunft anfallenden Zahlungen, fast willkürlichen Aufteilungen und hypothetischen Sollwerten, wird andererseits ihr Gegenstück selten genannt: der Beitrag der Arbeitnehmer zum Unternehmensgewinn. Dieser neudeutsch »Human Value Capital added« bezeichnete Betrag bewegt sich gemäß eines im Juli 2010 erschienenen Beitrags in der Zeitschrift *Personalwirtschaft* zwischen rund 50 000 Euro pro Jahr und Kopf bei Volkswagen über 100 000 Euro bei Bayer bis zu 150 000 Euro bei der Softwareschmiede SAP[39] und muss mit den eher niedrigeren als höheren Personalkosten verglichen werden; die Rendite auf die Arbeitskosten beträgt somit rund 100 Prozent!

Erst diese Gegenüberstellung vermag ein zutreffendes Bild darüber zu liefern, ob die Personalkosten – und um diese geht es ja meist in der Kostendiskussion – zu hoch sind. Auch mögen sich die Arbeitskosten pro Jahr in Deutschland im oberen Bereich Europas bewegen – umgerechnet auf die Kosten der einzelnen Produkte sind sie dank der hohen Produktivität und Effizienz der Mitarbeiter offensichtlich konkurrenzlos niedrig, wie die Exporterfolge zeigen. Und Skandinavien mit dem höchsten Lohn-, Preis- und Steuerniveau Europas beweist, dass dies keinesfalls mit dem Niedergang der Wirtschaft und des Wohlstands einhergehen muss, wie uns die Klagen über zu hohe Kosten weismachen wollen.

Das ökonomische Prinzip

Das »Geheimnis«, weshalb Forderungen nach Kostensenkungen grundsätzlich, wenn auch häufig mit Bauchschmerzen akzeptiert werden, ist das dahinter wirkende ökonomische Prinzip der Effizienz. Es gilt für alles Wirtschaften, wenn nicht für alles Handeln, und lautet: »Ein Ziel mit dem geringstmöglichen Aufwand erreichen!«, kurz: »Das Verhältnis von Input zu Output zu minimieren!« Dieses Denken ist tief in der Natur und im Menschen angelegt, erfahren in Tausenden Generationen von Knappheit. In der Not wurden und werden alle nicht lebensnotwendigen, »unnötigen« Aktivitäten auf ein Minimum heruntergefahren, um Kraft und Ausdauer zum Überleben zu bewahren; Liebesgefühle und Spielfreuden rangieren hinter dem Hunger (oder auch schon mal in anderer Reihenfolge); Umwege, und bieten sie noch so verlockende Abwechslungen, werden vermieden, vielmehr werden die Ziele »geradewegs« angesteuert, ohne links und rechts zu blicken, Hindernisse aus dem Weg geräumt, statt sie zeitraubend zu umgehen.

Genau dieses Verhalten treffen wir in der modernen Ökonomie an. In ihr gibt es nur das eine Ziel der Gewinnmaximierung, das heißt den Saldo von Umsatz zu Kosten zu minimieren. Doch den Umsatz schlicht durch eine Preisanhebung zu erhöhen, ist in der Regel sehr schwierig und erfordert großes Geschick in Marketing und Produktgestaltung – Apples Erfolg mit dem iPhone wird nicht jedes Unternehmen kopieren können.

Da bietet das Kostensenken ein viel größeres und einfacher zu hebendes Gewinnpotential: Drücken der Einkaufspreise durch ein Ausspielen der Lieferanten (einige mögen sich noch an die berüchtigte »Lopez-Doktrin« des früheren Einkaufschefs von VW erinnern), längere Betriebszeiten zur besseren Ausnutzung der teuren Anlagen, von unten bis knapp oben durchkämmte Betriebsabläufe, Automatisierung der Produktion, Ausbau und Beschleunigung von Transportsystemen, Herunterfahren von Reserven in Lagern und Personal, »Verschlanken« des Betriebskörpers auf die Kernaufgaben und »Outsourcen« von Routinearbeiten an nicht tarifgebundene Auftragnehmer, Abbau zeitraubender Hierarchien und Zuständigkeiten durch die e-Kommunikation nach innen und außen, Wegrationalisierung von Arbeitsplätzen durch Selbstbedienung der Kunden im Supermarkt, an Fahrkartenautomaten und im Internet fürs Check-in. Und nicht zuletzt: Kopplung der persönlichen Einkommen und Karrieren an den ökonomischen Erfolg der eigenen Arbeitseinheit mittels Zielvorgaben und Konkurrenzvergleichen.

Was mehr oder weniger erreicht wurde, können wir im Vergleich des Betriebsgeschehens mit früheren Zeiten erkennen. Der spezifische Arbeits- und Materialeinsatz ist deutlich gesunken, die Intensität und Dichte der Arbeit ist gleichzeitig gewaltig gestiegen. Die Vernetzung mit den Lieferanten, die dank elektronischer Rückkopplung zu den Kundenlagern selbstgesteuert und dank Nachttransporten auf ausgebauten Autobahnen just in time anzuliefern haben, wie mit den Kunden, die online bestellen und bezahlen, schafft eine nie dagewesene Effizienz, aber auch Empfindlichkeit gegenüber jedweden Unterbrechungen. Die Bahnfahrer erfahren – vielmehr: erstehen – sie, wenn mangelnde Reserven im Lok- und Personalbestand und auf wenige Minuten reduzierte Zeitpuffer in den Fahrplänen wegen geringster »Störungen im Betriebsablauf« ärgerliche Verspätungen zeitigen.

Gedopte Effizienz und zerstörte Effektivität

Neben dem Begriff der *Effizienz,* der das *Verhältnis* von Einsatz zu Wirkung bemisst und zum Ausdruck bringt – so zum Beispiel den Treibstoffverbrauch in l/100 km –, gibt es den der *Effektivität.* Sie drückt schlicht aus, ob ein vorgegebenes Ziel *überhaupt erreicht* wird. So mag ein mit Segeln und Pedalen bestücktes Auto einen minimalen Verbrauch an fossilen Energieträgern gerade mal für Schmieröl aufweisen, doch nur selten effektiv in dem Sinne sein, dass man damit überhaupt seinen Bestimmungsort erreicht. Leider wird in der Ökonomie der Kosten meist vergessen, nach ihrem eigentlichen Zweck zu fragen. Gewiss, die Einsparung von Energie und knappen Rohstoffen ist ein notwendiges, ein Not wendendes Ziel, das Anstrengungen und Opfer rechtfertigt zum Überleben der zukünftigen Generationen. Doch ist es effektiv, die Arbeit bis zum Burnout zu intensivieren oder sie den weniger Leistungsfähigen ganz wegzunehmen und denen damit ihren Lebensinhalt zu rauben? Ist es effektiv, der Kostensenkung Naturflächen, Gesundheit, Familienleben und soziale Gerechtigkeit lokal und global zu opfern, obwohl keine Not herrscht, sondern nur Gewinne um ihrer selbst willen maximiert werden sollen? Ist es effektiv, die Strünke und das Laub von Kartoffeln mit Gift zu beseitigen, damit die Ernte effizient beschleunigt wird? Wo bleibt das in Sonntagsreden beschworene Ziel, dass die Wirtschaft den Menschen zu dienen habe, wenn tatsächlich das Gegenteil der Fall ist?

Doping erzielt seine leistungssteigernde Wirkung daraus, dass dem Körper eine Notsituation vorgegaukelt wird, in der seine natürlichen Bremsen gegen Überanstrengung ausgeschaltet werden. Nichts anderes geschah, als uns in schwärzesten Farben ein globaler Wettbewerb ausgemalt wurde, in dem es vorgeblich darum ging, die nackte Existenz Deutschlands im globalen Standortwettbewerb zu retten. Und tatsächlich hat die Bevölkerung die mit der Agenda 2010 begleitete Politik von Kostensenkung und Effizienzsteigerung mitgetragen und Deutschland zumindest im europäischen Rahmen den Sieg errungen. Doch welchen Preis muss es dafür bezahlen? Es verzeichnete einen nie dagewesenen Exportüberschuss, der sein Nettovermögen (Forderungen abzüglich Schulden gegenüber dem Ausland) um jährlich rund 100 Milliarden Euro auf mittlerweile eine Billion Euro hochtrieb, während die Mehrheit der Bevölkerung real Verluste an Einkommen, Arbeitsplatzsicherheit und Zeit für gemeinsame Unternehmungen mit Familie und Freuden erlitt, die Bildung zu einer schmalspurigen Turboausbildung hin zu verkommen droht, die Natur dagegen mit achtspurigen Straßen, kanalisierten Flüssen und eintönig vermaisten Arealen vergewaltigt und ausgemergelt wird.

Effizienz – sie wird letztlich erkauft mit dem Abbau von Bremsen und Vielfalt; Bremsen, die lebenserhaltend sind, und Vielfalt, die Leben und Arbeit spendet. Das Bild in der Einleitung, die Gegenüberstellung eines Kanals und eines Bachs, soll es verdeutlichen: Der Kanal hat einen einzigen Zweck: aus ihm die maximale Menge an Wasser und Strömungsenergie herauszuholen. Der Bach hingegen mag durchaus noch ausreichend Wasser und Energie für ein kleineres Wasserkraftwerk mit sich führen, doch ökonomisch ist er uneffizient. Denn er verliert Wasser an grüne Pflanzen; und seine Steine und kleinen Strudel mögen zwar hübsch gluckern und anzugucken sein, doch sie »kosten« Energie. Dass er aber über den reinen Wasser- und Energietransport hinaus vielfältiges Leben ermöglicht, den Menschen ästhetische Freude bereitet und als Puffer gegen kleinere Hochwasser wirkt, das nimmt eine auf nichts als auf kurzfristige Rendite kaprizierte Ökonomie nicht wahr. Was geschieht, wenn die Gesellschaft aller hemmenden Strukturen – »Kosten« in der Sprache der Ökonomie – entledigt wird, wäre jedem Fußballspiel anzusehen, dem man zwecks Kostensenkung und höherer Torausbeute die Abwehr wegnimmt: eine wirre Veranstaltung besinnungslos rasender Stürmer mit arbeitslosen Verteidigern hinter der Absperrung. Kosten, sie sind eben nicht nur häufig die Arbeitsmöglichkeiten und Einkommen der anderen, worauf kritische Volkswirte oft hinweisen, sondern ein unabdingbares Lebenselement.

Dirk Kurbjuweit, als *Spiegel*-Redakteur voll im Wirtschafts- und Arbeitsleben, beschreibt auf plastische Weise *Unser effizientes Leben*, das eine Gesellschaft entstehen lässt, die, wie es im Klappentext heißt, »den Unterschied ausmerzt, den Zufall, die Muße, die Phantasie. Und er fragt nach denen, die hier nicht mithalten können, und danach, ob wir das wirklich wollen.«

Wann Kosten in die falsche Richtung weisen

»Die Kosten von heute sind der Gewinn von morgen, und der Gewinn von heute sind die Kosten von morgen« – dieser zweifellos etwas platte Spruch altgedienter Betriebswirte enthält einen richtigen Kern: Er lenkt den Blick darauf, dass das System des Rechnungswesens zwar die augenblickliche Situation des Unternehmens annähernd widerzuspiegeln vermag, dessen zukünftige jedoch nur in Hinblick auf Schuld- und andere rechtliche Zahlungsverpflichtungen. So müssen Fortbildungsmaßnahmen oder Forschung zunächst als Kosten gerechnet werden, obwohl sie auf mittlere und längere Sicht dem Unternehmenserfolg dienen. Umgekehrt vermag niemand von außen zu erkennen, ob das ausgewiesene gute Ergebnis simpel dadurch erreicht wurde, dass kostenintensive Sanierungen, Produkt- und Marktentwicklungen unterblieben, um auf dem Papier ein besseres Ergebnis ausweisen zu können.

Als die Deutsche Bahn auf ihren geplanten Börsengang zusteuerte, verkamen viele Streckenabschnitte zu Langsamfahrabschnitten, Intercitys zu Museumszügen und Bahnhöfe zu Automaten- und Imbissecken, und die Umläufe wurden kostensparend jeglicher Lok-, Wagen- und Zeitreserven beraubt. Die Rechnung, hiermit eine bilanziell aufgeschmückte Braut präsentieren zu können, ging freilich nicht auf: Die fatalen Auswirkungen von strecken- und fahrzeugbedingten Schäden und der Ärger über unzureichenden Service traten schon vor dem Hochzeitstermin mit den avisierten Aktionären auf und verhagelten das Ereignis; der nach der Lehman-Pleite eingetretene Kurssturz an den Börsen musste eher als Vorwand denn als eigentlicher Grund für den Rückzug vom Börsengang herhalten.

Sicher darf der Buchhalter nicht jegliche Kosten als zukünftig möglichen Gewinn verbuchen, doch umgekehrt sind nur kurzfristig vorhaltende Make-ups kein nachhaltiges Wirtschaften. Unternehmer mit langem Atem beherzigen daher das zitierte Motto, sie entlassen nicht sofort Personal oder gliedern es in Niedriglohnfirmen aus, sie opfern nicht sofort langjährige Geschäftsbeziehungen zugunsten kurzfristig billigerer Lieferanten und stoßen weniger rentable Unternehmensteile nicht sofort ab. Denn sie wissen, dass ihrem Unternehmen verbundene Mitarbeiterinnen und Mitarbeiter, verlässliche Lieferanten und am Markt etablierte Produkte auf Dauer ein wichtigeres Kapital sind als aufgeschönte Zahlen, die ganz schnell Makulatur werden können, sobald sich die äußeren Bedingungen ändern. Dieses Potential – es darf und könnte auch nicht bilanziert werden, es mindert auch zunächst auf dem Papier die Rendite und wird nicht einmal das Wohlergehen garantieren können, doch zeigen gerade die verantwortungsvoll geführten Unternehmen, dass genau diese Eigenschaften ihnen einen langfristigen Erfolg verschafft haben. Sie erkennen auch, dass die Mentalität des Kostensparens den Blick leicht auf das verengt und versperrt, was die eigentliche unternehmerische Aufgabe ist: gefragte Produkte und Leistungen zu entwickeln und anzubieten und das Potential zu schaffen, dies auch in Zukunft weiterhin zu tun. Kosten werden auch hier berechnet, doch dienen sie eher der Aufdeckung von Schwachstellen denn einer nachhaltigen Unternehmensplanung. Für diese muss beides stimmen: die Stärkung des materiellen und immateriellen Potentials und die Sicherung des finanziellen Spielraums. Denn nicht irgendwelche kalkulierten Kosten treiben ein Unternehmen in den Ruin, sondern eine mangelnde Fähigkeit, seinen Zahlungsverpflichtungen gegenüber Banken, Personal und Lieferanten nachzukommen. Statt fiktive Zinsen auf faktisch zinsloses Kapital oder Abschreibungen auf vom Staat kostenlos zur Verfügung gestellte Emissionsrechte als Kosten zu kalkulieren, werden hier dem geplanten Umsatz die laufenden betrieblichen Ausgaben einschließlich Zinsen und Tilgungen, die Ersatz- und Neuinvestitionen und der tatsächliche Finanzbedarf der Eigentümer (der Unternehmerlohn) gegenübergestellt.

Doch tatsächlich sind mittlerweile viele Kapitalgesellschaften nicht nur dann, wenn sie von anonymen Fonds beherrscht und ausgequetscht werden, dem Denken der Finanzbranche verfallen. Von ihr infiziert und häufig dominiert berauscht man sich vornehmlich an »Zählbarem« wie Kostensenkungen, Gewinn und Rendite, auch wenn deren Berechnungen noch so fragwürdig sein mögen, statt die Unternehmenssituation und

-zukunft von allen Seiten zu beleuchten und als Ganzes abzuwägen. So durchliefen viele Firmen seltsame Metamorphosen, in denen miteinander verwobene Funktionen wie Produktion, Verwaltung und Verkauf in separate Einheiten aufgespaltet wurden, die zwecks Kostensenkung nur noch gegen Rechnung miteinander kommunizierten oder sich gar gegenseitig ausspielten, bis erkannt wurde, dass nun zwar bis herunter zum einzelnen Mitarbeiter Kosten berechnet werden konnten, der bis dahin aber eingelaufene Betriebsablauf ins Stocken und das Unternehmen gegenüber den Kunden in Nöte geriet.

Die Kaskaden des Lebens

Der sprachliche Zusammenhang zwischen Kosten und »kostbar« hat sich als nicht zufällig erwiesen. Wir mussten erkennen, dass viele Kosten kostbar sind für das Wohl der Menschen, der Natur und nicht zuletzt auch für die Wirtschaft. Sie erweisen sich als das Gegenstück zu Leben spendender Vielfalt und zu Leben bewahrenden Bremsen und Puffern, zum Wunsch nach sinnstiftender Arbeit. Tatsächlich erhellt der ursprüngliche Wortsinn von »kostbar«, dass das Objekt mit Kosten, nämlich Arbeit und Mühen, beladen ist (vgl. »to bear cost« – Kosten tragen). Uns ist – oder war zumindest – bewusst, dass vieles, das uns wertvoll und wichtig ist, nicht zugleich umsonst, »kostenlos« sein kann. Wir erleben dies am Stolz auf erbrachte Leistungen, sei es am Panorama, das unvergleichlich tiefer wirkt, wenn wir den Gipfel erklommen haben, statt mit der Bergbahn hochgeschaukelt zu sein, sei es am gelungenen Handwerk oder dem mühsam und geschickt errungenen Verhandlungserfolg.

So werden mit den konsequenten bis brutalen Kostensenkungen die Kaskaden des Lebens eingerissen. An diesen aber will sich der Mensch Stück für Stück erleben, erfahren und abarbeiten, nicht aber sich selbst und eine maximale Gütermenge in minimaler Zeit »verheizen«. Rasches Produzieren und ungebremstes Konsumieren verdrängen das lebensgemäße Gestalten und Genießen.

Es ist erst das ökonomische Denken, das alles auf den jeweiligen (!) monetären Wert reduziert und damit Ungleiches gleichmacht. Arbeit und Energie – beides sind ökonomisch Kosten, auch wenn Arbeit den Menschen Sinn stiftet und Halt gibt; Energieverbrauch dagegen bedeutet, dass Regenwälder und goldene Getreidefelder zu eintönigen Energielieferanten deformiert werden. Wir müssen wieder lernen, die Dinge nach ihrer wirklichen Bedeutung für Mensch und Natur einzuordnen. Die Ökonomie wird das von sich aus nie tun, weil ihr solche Kriterien wie Wert und Würde abgehen. Hätten wir ein solches Wirtschaftssystem, das sich an den realen Bedingungen orientiert statt an monetären Bewertungen, würden wir selbstverständlich den Energie- und den Flächenverbrauch soweit irgend möglich reduzieren, statt unbeirrt Autobahnen und Flüsse zu Transportmonstern auszubauen, aber wir würden Arbeit nicht dort wegrationalisieren, wo sie dem Leistenden und dem Leistungsempfänger guttut, oder die bunte Vielfalt regionaler Zeitungsredaktionen zu einer grauen Zentralmeinung zusammenstampfen, nur weil Redakteursgehälter ökonomisch gesehen in einen Topf mit Papierverbrauch zu werfen sind.

Dass auch wir persönlich etwas dazu beitragen können, mit den »schlechten« Kosten wie Energie oder Kapitalkosten zu geizen, doch bei »guten« Arbeitskosten nicht knauserig zu sein, das habe ich in Kapitel 3 anhand des Kaufes beziehungsweise der Haltung eines Autos deutlich gemacht, und das ahnen wir anhand der eben erwähnten Zeitungsbranche.

7 Von der monetären Ökonomie zum menschenwürdigen Wirtschaften

»Es ist ein Fehler, dass in Deutschland in den vergangenen Jahren kurzfristig gedacht und nur auf die Exportwirtschaft gesetzt wurde. Die Stabilität eines Systems ist nur dann gewährleistet, wenn es aus der Vielfalt entsteht ... Nicht die Effizienz steht im Vordergrund, sondern die Vielfalt ... Statt der einzelwirtschaftlichen benötigen wir eine gesamtwirtschaftliche Betrachtung ... Dass Deutschland heute so gut dasteht, ist auch auf Kosten der Südländer geschehen. Wir müssen erkennen, dass das Totschlagargument, der Markt werde es richten, nicht mehr haltbar ist ... Die Sparda-Bank wurde als Genossenschaftsbank gegründet ... Wir investieren in die Einzigartigkeit des einzelnen Menschen.«

Helmut Lind, Chef der Sparda-Bank München,
im *taz*-Interview, 7.11.2011

Eingangs habe ich versucht, den prinzipiellen Unterschied herauszustellen zwischen dem, was wir gemeinhin unter Wirtschaft verstehen, und dem, was uns als Ökonomie aufgetischt wird. Nach dem Niedergang des Sozialismus stellt es keinen Tabubruch mehr dar, das herrschende ökonomische System ehrlich und klar als ein kapitalistisches zu bezeichnen, das auf nichts anderes aus ist als auf Vermögens- beziehungsweise Kapitalmehrung.

Es war im 18. Jahrhundert der Moralphilosoph Adam Smith, der den bis dahin vertretenen Gegensatz zwischen moralisch-ethisch-religiösen Ansprüchen einerseits und dem Reichtumsstreben andererseits (»eher geht ein Kamel durch ein Nadelöhr als ein Reicher in den Himmel«) mit der vermeintlichen Entdeckung einer unsichtbaren Hand als aufgelöst postulierte. Wenn auch der Manchester-Kapitalismus des 19. Jahrhunderts diese Lehrmeinung nicht gerade stützte, so konnte – wiederum viele Jahrzehnte später – gerade die deutsche Bevölkerung mit dem Wirtschaftswunder und der sozialen Marktwirtschaft eine Phase erleben, in der tatsächlich ein allseits befriedigendes Wirtschaften harmonisch verknüpft war mit den typischen Kennzeichen des Kapitalismus, nämlich Wettbewerb, Dynamik und Reichtumsmehrung. Diese brachten den Menschen im optimalen Doppelpack ständig Produktverbesserungen und -neuerungen zu gleichzeitig (zumindest relativ) sinkenden Preisen; die Statistik der permanent sinkenden Arbeitszeit, die zum Erwerb der meisten Güter aufgebracht werden musste, belegt dies eindrucksvoll. Die Segnungen der prosperierenden Wirtschaft verdrängten frühere Animositäten und verwandelten das ewig zerstrittene Europa in eine Wirtschaftsgemeinschaft (EWG).

Diese Dynamik betraf gleichermaßen die Herstellungsprozesse wie auch die Struktur von Industrie und Handel, denn das unter dem Wettbewerb erschwerte Gewinnziel verlangte höchstmögliche Kostensenkung. Sie wurde insbesondere anfangs erreicht durch ein Mengen- und Größenwachstum, das die Stückkosten senkte. In dem Maße jedoch, in dem die Absatzmengen auch trotz erfolgreicher Exportausweitung nicht mehr wesentlich gesteigert werden konnten, traten Effizienzsteigerungen in den Vordergrund. Betriebe wurden zusammengelegt und auf unnötige Prozessschritte und bremsende Hierarchien hin durchforstet, der Personaleinsatz verdünnt.

Mit der Globalisierung und der IT-Kommunikation beschleunigte sich diese Entwicklung. Ein anschauliches Beispiel dafür ist die Einführung der Containerschiffe, deren Ladungszeiten ebenso wie die Besatzung sich auf Bruchteile verringerten. Aber generell wurde das Effizienzregime zur harten Wirklichkeit für diejenigen, deren Arbeitsplätze verdichtet, in unsichere Leih- und Minijobs verwandelt oder gen Osten verlagert wurden. Die Veränderungen in der Wirtschaft auf die Spitze katapultierte das Internet, das einerseits Beschaffung, Produktion und Absatz zu einer die ganze Welt abdeckenden Aktion von Sekunden oder wenigen Tagen zusammenpresst und andererseits die bis dahin nur als Dienstleister wirkenden Kreditinstitute in Finanzmonstren von Billionen Dollar und Euro aufblähte.

Wie Goethes Zauberbesen scheint sich die Ökonomie, in Wirtschaftswunderzeiten noch geschätzt als Güter- und Friedensbringer, der Kontrolle durch den Menschen entzogen zu haben und ihn zu beherrschen, scheint sich in ihrer Ausdehnung von nichts und niemandem aufhalten lassen zu können, vereinnahmt immer mehr Lebensbereiche und reduziert unser Denken auf reine Kosten-Nutzen-Analysen. Wehr- und hilflos beugt sich die Politik dieser Ökonomie, sie propagiert gar ihr weiteres Wachstum und meint mit »Marktkonformität« tatsächlich die Ausrichtung der Gesellschaft an die Gesetze der Ökonomie. Dergestalt vergrößert sie aber die unübersehbaren Probleme in der Arbeitswelt, der sozialen Absicherung, der Einkommens- und Vermögensverteilung, der Ökologie und des Klimas, statt sie in den Griff zu bekommen.

Wir wünschen uns wahrlich keinen Bruch mit unabsehbaren Folgen, aber doch etwas mehr Sicherheit und Verlässlichkeit und etwas weniger Hektik, Stress und Veränderungen, auf dass wir uns wieder mehr an der Arbeit erfreuen und mit ihr identifizieren und uns anderen Dingen des Lebens als nur Gelder-

werb und Konsum zuwenden können. Aber wir sind auf der
Suche nach Ansätzen, mit denen wir den dynamischen und in-
novativen Kapitalismus und sein unbedingtes Gewinnstreben
mit menschengemäßem Wirtschaften und erfrischendem statt
gnadenlosem Wettbewerb verbinden oder ihn sogar einfrieden
können. Dabei wäre es ebenso vermessen wie müßig, jetzt
schon fertige Varianten oder gar Alternativen basteln zu wollen.

Ohne Turbo geht es besser

Die Logik physikalisch ausgebildeter Politikerinnen, sich messerscharf gerierender Journalisten und professoraler Wissenschaftler muss irgendwo auf der Strecke geblieben sein, wenn,
egal für welche Art wirtschaftlicher Krisen und Aufgaben, stets
Wachstum als Remedium propagiert wird. In welcher anderen
Disziplin und Profession wäre es statthaft, ohne vorangehende
Analyse der Ursachen und inneren Zusammenhänge ein Konzept zu propagieren, das darauf hinausläuft, einen offensichtlich defekten Organismus schlichtweg aufzupumpen? Befän-
den wir uns in materiellen Not- und Aufbauzeiten, wäre ein
Wirtschaftswachstum selbstverständlich unerlässlich, um den
Bedarf an Waren wie an Arbeit decken zu können. Doch wie
soll weiteres Wachstum und gar dessen Beschleunigung weiter
helfen, wenn die Krisen doch gerade daraus entstehen, dass reale Nachfrage, Arbeits- und Einkommensverhältnisse, Umwelt-
und Klimaerfordernisse und das renditehungrige Kapital immer stärker auseinanderdriften, je mehr die Ökonomie an
Umfang und Bedeutung wächst?

Der fatale Kreislauf wird sich nur fortsetzen, wenn nicht sogar beschleunigen: Die Arbeitskosten werden gedrückt, um
Rendite und Wettbewerbsfähigkeit zu erhalten, die Binnen-

nachfrage stagniert wegen gesättigten Bedarfs und mangels ausreichender Einnahmen aus Arbeit und Steuern; das Kapital drängt daher auf Exportmärkte, auch wenn es sie wie in den früheren Empire- und heutigen IWF-Kolonien erst mit seinen Überschüssen, sprich: Krediten, füttern muss. Und dieses Kapital lässt sich die nicht-zahlbaren Zinsen und ausfallenden Tilgungen auf diese Kredite durch staatliche Bankenrettungen ausgleichen, erobert sich mit Privatisierung der Kranken-, Alters- und Rentenversicherung, der Bildung und der Infrastruktur die »Commons«, die Allgemeingüter, und jongliert die immer noch verbleibenden Billionen um den Finanzglobus auf der Suche nach Spekulationsgewinnen mit Währungen, Rohstoffen, Energie und Ländereien, nach »Emerging Markets« und vermeintlich sicheren Anlagen wie Gold, Immobilien oder Staatsanleihen. Schon Rosa Luxemburg zeichnete 1916 in ihrer *Krise der Sozialdemokratie* auf, dass die »ökonomische Expansion des akkumulationshungrigen Kapitals«[40] und nicht ein nationaler Bedarf die großen Eisenbahnprojekte im Orient angestoßen hatte, was vergleichbar der heutigen Griechenlandkrise den Ländern zunächst Kredite und später ihren ökonomischen und sozialen Ausverkauf bescherte.

Unsere wirtschaftspolitischen Bannerträger, die diese globalen Zusammenhänge nicht sehen wollen oder können, gaukeln der Bevölkerung eine Wiederholung der Wirtschaftswunderjahre vor, als die Kuchen immer größer gebacken wurden, so dass trotz des immer größer werdenden Kapitalanteils auch die übrigen Wirtschaftspartner partizipierten. Tatsächlich verhalf die rot-grüne Agenda-Politik der Lohn- und Steuersenkungen der Ökonomie zunächst zu rekordverdächtigen Handelsbilanzüberschüssen, Vermögensmehrungen von rund 100 Milliarden Euro jährlich und einer guten Beschäftigung in den Exportbranchen, doch ebenso führte sie an den Rand eines neuerlichen Abgrunds:

- Die Kapitalüberschüsse fluteten die Finanzmärkte – mit der Folge der seit 2008 bekannten Katastrophen.
- Die Exportbranche hängt am Tropf Chinas und einiger anderer weiterhin prosperierender Schwellenländer.
- Der sich selbst verstärkende Umverteilungseffekt von unten nach oben hat sich so ausgeprägt, dass Armut und Armutsrisiken in den Industrieländern bedrohlich zunehmen; das Ziel, die immer ungleichere Einkommens- und Vermögensverteilung durch Wachstum zuzukleistern, wird völlig verfehlt.
- Jede zaghafte Einschränkung des Landschafts- und Energieverbrauchs wird überrollt von einem gewaltigen Ausbau der Verkehrs-, Lager- und Gewerbeflächen, vorgeblich um der Arbeitsplätze willen, obwohl doch gerade sie durch Fläche und Energie weitestgehend ersetzt werden. Ein milliardenteurer neuer Tiefseewasserhafen beispielsweise schafft nicht einmal die versprochenen 500 Arbeitsplätze an Land, und der um ein Vielfaches teurere Fehmarnbelt-Tunnel spült gar dieselbe Zahl von Arbeitsplätzen von Bord der dann nicht mehr benötigten Fähren.

Doch was ist die politische Antwort auf diesen ökonomischen Strudel, der bald alle menschlichen und natürlichen Lebensbereiche in sich hineinzieht? Ein Wachstumsbeschleunigungsgesetz, auf dass endgültig alle und alles aus diesem Strudel herausgeschleudert werden? Nun ist es nicht so, dass ohne ein solches Gesetz plötzlich Stillstand herrschte. Der unserer Kultur innewohnende Fleiß und die Freude am Tun würden schon dafür sorgen, dass uns die Arbeit nicht ausgeht. Doch produziert wird allenfalls ein absurdes Nullwachstum an Arbeit, indem zunächst die Ökonomie gewinnsteigernd Arbeitsplätze wegrationalisiert oder in Niedriglohnländer verschiebt und anschließend die Politik dem Anlagedruck des dank der

Gewinne weiter gewachsenen Kapitals freie Bahn verschafft, damit zum Ausgleich doch noch irgendwo irgendwelche meldefähige Arbeitsplätze entstehen. Daher reißt die Politik noch vorhandene Schranken nieder, gibt ökonomische Brachen zur Ökonomisierung frei oder schafft selbst neue Anlagefelder. So wurden in den letzten etwa dreißig Jahren, beginnend in Angloamerika, die bis dahin wirkenden Kapitalverkehrsbeschränkungen aufgehoben, womit der gut bezahlende Finanzsektor zu einer wahren »Industrie« heranwuchs, der in Großbritannien fast ein Drittel des Volkseinkommens verschlingt. Ebenfalls von dort wurde die Privatisierung bis dahin öffentlicher Aufgaben übernommen, teils um gleichsam lästige Aufgaben loszuwerden, teils weil die unternehmensfreundlichen Steuersenkungen den Staatssäckel leerten und den Verkauf öffentlicher Betriebe erzwangen, teils aber auch, weil man wie in der Abfallverwertung hiermit den Startschuss zu einer boomenden Branche mit vielen neuen Arbeitsplätzen zu geben glaubte.

Ganz innovativ sieht sich die deutsche Politik nun darin, ein »grünes Wachstum« zu propagieren: Windkraftwerke, Solarparks und andere Formen nachhaltiger Energieerzeugung werden dem Kapital reichlich Anlagefelder bieten, von denen erwartet wird, dass sie ohne schädliche Nebenwirkungen abgeerntet werden können, im Gegenteil den Menschen hochwertige Arbeitsplätze, der Wirtschaft langfristige Erfolgspotentiale und Natur und Klima sogar Erleichterung verschaffen. Diese »Green Economy«, wäre es ein bestechendes Win-win-Konzept für ein Wirtschaftswunder 2.0, bei dem nicht nur das Kapital, sondern auch Menschen und die Natur profitieren? Kritische Ökonomen wie Niko Paech haben da ihre Zweifel und verweisen darauf, dass spezifische Fortschritte beim Rohstoff- und Energieverbrauch bislang stets durch einen Mehrverbrauch überkompensiert wurden. Diesen sogenannten Bumerangeffekt kann man zum Beispiel bei den Kraftfahrzeugen beobachten, wo die motortechnisch höhere Effizienz von Mehrgewicht und höheren PS-Leistungen weggeputzt wird, so dass der effektive Treibstoffverbrauch in den vergangenen Jahrzehnten eher stieg statt sank. Die sogenannte Postwachstumsökonomie fordert daher, jegliche Ursachen für Wachstumsabhängigkeiten und -zwänge zu beseitigen, also vor allem:

- das gegenwärtige Geld- und Zinssystem,
- maßlose Gewinnerwartungen,
- die bisherigen Privilegien beim Zugang zu Land, Ressourcen und Atmosphäre,
- die Anonymisierung der Unternehmen einschließlich der Beschränkung ihrer Haftung,
- das auf globaler Arbeitsteilung beruhende Modell der Fremdversorgung,
- die Kultur der bedingungslosen Steigerung materieller Selbstverwirklichungsansprüche.[41]

Schon weil nicht die gesamte nervöse Ökonomie »grün« und in eine Insel der Seligen verwandelt werden kann, täte es ihr ebenso gut wie den überforderten Politikern, den hart kämpfenden Unternehmen und den überlasteten Mitarbeiterinnen und Mitarbeitern, würde der permanente Druck etwas abgelassen werden. »Der Turbo ist raus. Wir fahren wieder mit Normalmotor«, atmete der Chef der Bremer Hafenwirtschaft, Detthold Aden, in einem Interview mit dem *Weser-Kurier* im Dezember 2008 nach dem Abflauen der Überhitzungsphase auf; der Hafenbetrieb konnte konsolidiert werden, während bis dahin nach nichts als nach Luft beziehungsweise freien Liegeplätzen geschnappt wurde.

Genau betrachtet rührt das Wachstum aber nicht nur aus dem internen Rendite- und Kapitalvermehrungsdruck auf die Unternehmen, sondern ebenso auch aus einem Sog von außen:

Es ist der globalisierte Wettbewerb, der die Unternehmen zur Expansion auf die Märkte der Welt zieht, und es ist die aufgeblasene globale Liquidität. Sie hat den südeuropäischen Staaten die Kredite gerade aufgedrängt, ebenso Bauinvestoren und Häuslebauern, und hinterließ aus den Fugen geratene Haushalte und aus dem Nichts gestampfte, von niemandem ernsthaft benötigte und heute verlassene Immobilienwüsten wie in den USA und Spanien. Im Gegensatz zum inhärenten Gewinndruck aber könnte die Politik diese externen Wachstumstreiber durchaus zurückdrängen; so wie die Globalisierung von ihr erst veranlasst und begünstigt wurde, kann diese von ihr wieder in Teilen zurückgenommen und stattdessen die Region wieder bevorzugt werden. Und immerhin besitzen die Staaten noch die Hoheit über ihr Geldwesen und könnten daher die Kapitalbewegungen ebenso wieder unter ihre Kontrolle bringen wie das System der bislang praktisch willkürlichen Geldschöpfung durch den privaten Finanzsektor. Die Politik könnte auch den Druck aus dem mörderischen Preiswettbewerb herausnehmen, den sie mit der Aufhebung der Preisbindung für Konsumgüter hineinpresste. Versprochen wurde ein Paradies sinkender und niedriger Preise; herausgekommen ist ein Wettbewerb, der wesentlich nur über den Preis läuft, der Lieferanten wie die Milchbauern auspresst, der Qualität verkommen lässt, und der uns Konsumenten mit einer »Geiz-ist-geil«-Mentalität infiziert hat. Einzig der Buchhandel weist noch dieses Privileg auf – und das mit den guten Gründen, Vielfalt, regionale Verbreitung und Beratungsservice sicherzustellen. Was spricht dagegen, das auf andere Güter auszudehnen, so dass auch kleinere Geschäfte in der Fläche überleben können, die regionale Versorgung auch ohne Kfz-Nutzung wieder möglich ist und wir nicht unsere halbe Freizeit und viele Autokilometer mit der Suche nach den billigsten Angeboten zubringen müssen? Eine Preisbindung auf Milch etwa ermöglichte den Händlern einen ausreichenden

Mindestabnahmepreis, und die Bauern könnten wieder eine naturnahe Weidewirtschaft betreiben, statt dass sie ihr Einkommen nur noch aus der Auge und Leben tötenden Vermaisung der Böden beziehen können.

Vielleicht sollte man sich auch besinnen, was *Konkurrenz* im ursprünglichen Sinne bedeutet: »con-currere« – *zusammen* laufen, nicht gegeneinander. Jedes Fußballteam liefert ein Beispiel dafür: Mit guten Leistungen wirbt jeder um den Rang eines Stammspielers, weiß aber auch um des gemeinsamen Erfolgs willen seinen internen Mitkonkurrenten (den Ball) abzugeben.

Befreiung aus dem monetären Zahlengefängnis

Die Misere begann mit der Null und dem dekadischen Zahlensystem: Während bis dahin das römische Zahlensystem als größte Einheit das M für tausend (mille) aufwies und die Grundrechenarten mittels Buchstaben eine vertrackte Angelegenheit waren, ließen sich mit deren Einführung plötzlich Zahlen beliebig groß ausdrücken, addieren und multiplizieren. Endete das gedankliche Fassungsvermögen des Menschen bis dahin bei »sehr groß«, eroberte er neben Kontinenten nunmehr auch Zahlenräume, die bis dahin jenseits aller Vorstellung waren. Was vorher nur qualitativ beschrieben werden konnte, erhielt nun genaue Messwerte, verschwimmende Unterschiede wurden zu präzisen Ziffern. Diese nunmehr mögliche Zuordnung von Zahlen zu vielen Aspekten des Lebens verlieh ihnen jetzt einen separaten Status. War einem bewusst, dass für Not- oder Alterszeiten neben personeller Hilfe auch ein Vermögenspolster hilfreich ist, so konnte man dessen Volumen nun auf Taler und Heller definieren; die Aufmerksamkeit wurde zunehmend auf dieses so leicht definierbare Element der Existenzsicherung gelenkt – und reduziert. Und die seit je aus Zeiten der kleinen Zahlen verinnerlichte lineare Erfahrung von mehr gleich besser setzte dann den Prozess des ökonomischen Wachstums in Gang, dem wir heute die Billionen von Vermögen und eine vor Beginn der Industrialisierung ungeahnte Wirtschaftsleistung ebenso verdanken wie – als vorerst letzte Pointe – das Wachstumsbeschleunigungsgesetz.

Erst allmählich dämmert es auch den auf monetäre Größen fixierten Wirtschaftswissenschaftlern, was Geisteswissenschaftlern und philosophisch inspirierten Staatslenkern wie der Regierung von Bhutan schon lange und neuerdings den sogenannten Glücksforschern bewusst ist: Mehr monetäres Vermögen und mehr in Geld ausgedrückte Wirtschaftsleistung sind keinesfalls notwendig mit einem Mehr an Zufriedenheit verknüpft. Diese soll daher mit zusätzlichen Indikatoren ausgedrückt werden, wie es zuletzt auch die Enquetekommission »Wachstum, Wohlstand, Lebensqualität« des Deutschen Bundestags vorschlug. Doch auch einen hartgesottenen Kapitalisten sollte das schon mehrfach im Buch genannte Argument gegen die unbegrenzte Ausdehnung der Ökonomie überzeugen, nämlich dass mit der Landnahme ökonomischer Brachen ihre gesellschaftlichen und natürlichen Fundamente verzehrt und mit der Beseitigung bremsender Puffer und Grenzen die scheinbar existenzsichernden Vermögen systematisch zu schwirrenden Zahlengebilden entarten.

Mit der Verengung auf die eine Dimension der monetären Zahlen ging der Blick für die übrigen Dimensionen unserer Wirtschaft verloren. Es ist so, als ob wir ein Bild einer schönen Welt für diese selbst halten, weil wir nicht erkennen, dass es keine Tiefe besitzt. Und noch weniger kann uns ein flaches Bild etwas über die Zeit, ihre Vorgeschichte und ihre Zukunft, sagen. Die realen Zustände hingegen sind am wenigsten mit simplen Zahlen zu Umsatz, Gewinn und Kapital zu erfassen. Gilt dies schon für ein einzelnes Unternehmen, das deshalb intern mit einem komplexen Controlling die Vielfalt an Chancen und Risiken zu bewerten versucht, so erst recht für das ganze Geflecht einer Wirtschaft. Schon mit ihrer wichtigsten Zahlengröße, dem Geld, verfängt sich die Ökonomie in ihrem selbstgestrickten Zahlenraum: Die reale Leistungsfähigkeit beruht nicht auf Geldscheinen und Kontoauszügen, sondern auf dem Zusammenwirken von Menschen, Maschinen und Natur, was wiederum eine Frage materieller Faktoren wie Infrastruktur und Ressourcen ist und immaterieller wie Bildung und Arbeitslust.

So bremst eine gestörte Geldzahlenakrobatik namens Finanzkrise eine gut laufende und gut ausgestattete europäische Wirtschaft aus und lässt arbeitswillige Jugendliche frustriert zu Hause sitzen, obwohl weder Krieg noch sonstige Katastrophen einen realen Anlass lieferten. Genauso geraten öffentliche Haushalte in Handlungsnöte, wenn ihre Finanzzahlen nicht gut aussehen. Da mag der private Reichtum Deutschlands binnen eines Jahrzehnts um eine Billion Euro zugenommen haben, und doch lässt das Land mit fehlenden Krippen- wie Studienplätzen seine Zukunft genauso schleifen wie seine kommunale Infrastruktur, die einen Nachholbedarf von mehreren hundert Milliarden Euro aufweist. Oder statt für mehrere hundert Milliarden Euro konsequent in Energieeffizienz zu investieren und den riesigen Altbaubestand zu sanieren, was Öl- und Gasimporte sowie Klimabelastung auf Dauer vermindern würde, ergötzte sich die Wirtschaftspolitik an Exportüberschüssen und daraus erzielten Gewinnen, die großenteils doch nur dem Zirkus von Finanzprodukten und exorbitanter Kreditvergabe an südeuropäische Staaten zugeführt wurden und die Substanz Deutschlands in keiner Weise erhöhten, mit der zunehmenden Ungleichverteilung von Vermögen und Einkommen seine innere Stabilität vielmehr bedrohen. Bei etwa gleichen Zahlen der gesamtökonomischen

Performance – welche Regionen dürften vertrauensvoller in die Zukunft schauen, Skandinavien oder die USA, wo jeder sechste auf Lebensmittelkarten angewiesen ist, jeder bessere Sturm die Stromversorgung zusammenbrechen lässt und Reichtum hinter dem Sicherheitszaun genossen wird?

Umgekehrt können Vermögenszahlen Werte vorgaukeln, die es real gar nicht gibt, weil sie nicht einlösbar sind. Am krassesten ist dies anhand der Dollarreserven Chinas in Höhe von weitaus mehr als einer Billion zu belegen: Wollte China damit eine Shoppingtour in den USA starten, würde dies dort zwangsläufig zu solchen Preissteigerungen führen, dass der reale Gegenwert nur so dahinschmölze. Auch kann China seine Dollarreserven kaum in andere Währungen tauschen – der Dollarkurs bräche sofort ein und machte die eigenen Reserven wertlos. Und egal, für welche Importe China seine Dollar verwendete, es hätte eine dramatische Arbeitslosigkeit in den Sektoren zur Folge, deren Produkte durch die Importe substituiert würden. Verbleibt als reale Nutzung der Dollarreserven, jedem Bürger des Landes eine Kreuzfahrt amerikanischer Reedereien zu spendieren, wofür dreihundert große Kreuzfahrtschiffe dreißig Jahre lang ausgelastet sein würden … und vermutlich alle Kabinen- und Hafenkapazitäten der ganzen Welt blockierten.

Auch das ökonomische, das heißt Ertrag bringende Vermögen in Deutschland in Höhe von rund zwölf Billionen Euro muss auf seine Substanz hin hinterfragt werden. Ein Renditeanspruch von nur fünf Prozent auf dieses Vermögen entspricht 15 000 Euro pro Haushalt und Jahr – wie soll dieser Betrag jemals in Form realer Leistungen an die großen und kleinen Kapitalisten aufgebracht werden, wenn das Jahreseinkommen (netto) der unteren 70 Prozent der Haushalte keine 17 000 Euro beträgt? (Wie weiter oben ausgeführt, erfolgt der Ausgleich durch deren immer weitere Verschuldung, auch der des Staates anstelle der bereits am Minimum befindlichen Haushalte.) Und die Bilanzsumme der Deutschen Bank von zwei Billionen Euro – wie soll ein Geldhaus einen realen Wert aufweisen können, der einem Fünftel aller Mietshäuser, Gewerbe- und Fabrikbetriebe, Kraftwerke und anderer Anlagen Deutschlands entspricht?

Die Wohlfahrt eines Landes nicht mehr nur anhand der ökonomisch erfassbaren Leistungen zu beurteilen, sondern auch unbezahlte Arbeit für Familien und die Gesellschaft genauso einzubeziehen wie Bildungsstand, intakte Natur und ein verlässliches Gesundheitswesen – damit wird ein erster Schritt getan sein zu einer gedanklichen Rückkehr zur Realität. Es wird noch ein weiter Weg bleiben, sich von der Fixierung auf monetäre Größen zu lösen, als würden diese die Güter und Leistungen herstellen und verzehren. Doch weitet nicht schon die andauernde Finanzkrise und der plötzliche billionenhafte Geldregen von EZB und IWF den Blick dafür, dass finanzielle Größen eher Schall und Rauch denn echte Produktionsfaktoren sind? Und wenn wir in die Zukunft schauen – sind wir nicht drauf und dran, selbst unsere Welt in ein Fiasko von Hitze- und Flutwellen zu verwandeln, nur weil ökonomische Zahlen einen Stopp des Verkehrswachstums und der globale Wettbewerb eine Einschränkung der energieintensiven Industrie verbieten? Die aktuelle Diskussion um die vorgeblich die Wettbewerbsfähigkeit bedrohenden Kosten der Energiewende zeugt auch von dem schiefen Denken, das aktuelle ökonomische Zahlen höher wertet als substantielle Verbesserungen in Klima und Wirtschaftsstruktur. Tragischerweise weist das Rechensystem der Ökonomie reale Verluste an Lebensqualität nicht aus, da jegliche Reparatur- und Ausgleichsmaßnahmen genauso in das Sozialprodukt einfließen wie die von den Menschen eigentlich erwünschten Güter und Leistungen; und Gewinne lassen sich hiermit ebenso leicht erzielen. Schon vor 25 Jahren hatte der Ökonom Christian Leipert einen entsprechenden Anteil von zwölf Prozent dieser »defensiven Kosten« am Sozialprodukt errechnet, zum Beispiel für die Behandlung arbeitsbedingter Gesundheitsschäden oder für die Verlängerung der Arbeitswege wegen gewinnsteigernder Zusammenlegung von Betriebsstätten. Und wenn wir in Zukunft Tag und Nacht schuften müssten, um klimabedingte Schäden zu beseitigen und abzuwehren, es »steigerte (nicht nur) das Bruttosozialprodukt«, wie es so treffend in einem Schlager hieß, sondern genauso die Gewinne.

Produktion und Konsum auf ein ökologisch verträgliches Maß zurückzufahren hieße hingegen, in einen unlösbaren Konflikt mit dem Wachstumsdruck der kapitalistischen Ökonomie zu geraten und die systematische Umverteilung von unten nach oben umzukehren. Weshalb also sollte die auf Gewinn- und Vermögensausweise fixierte Ökonomie an einer menschengerechten Umgestaltung der Wirtschaft interessiert sein, allenfalls »grünes Wachstum« akzeptierend? Das ökonomische System ist gemäß der klassischen wie neoliberalen Lehre absolut autonom und braucht daher keine Rücksicht auf das Wohl von Natur und Mensch zu nehmen – ja, es braucht uns Menschen nicht einmal und könnte uns gut überleben, denn Produktion und Konsum können mittlerweile ebenso gut Roboter übernehmen, bis am »Ende der Geschichte« die Ökonomie nur noch Simulation und die Welt nur noch ein Zahlengebilde ist.

Ist schon alleine die Definition von lediglich beschreibenden Wohlfahrtsindikatoren und ihrer Einflussgrößen so vielfältig wie die Zahl der damit befassten Forscher, Politiker und Kulturen, und wird es schon von der Sache her nie eine »wahre« Größe geben können, so gilt dies natürlich erst recht für jegliches Bemühen, Leistung und Vermögen in all seinen sozialen, ökologischen und wirtschaftlichen Facetten zahlenmäßig abzubilden. »Die Wahrheit liegt am Grund.« Jeglicher Versuch hingegen, allen diesen Aspekten in einer Planwirtschaft Genüge zu tun, wäre ebenfalls von vornherein zum Scheitern verurteilt.

Dennoch kann man mehr tun, als in Sonntagspredigten beziehungsweise Appellen an ethische Wirtschaftsführung für ein Denken über die ökonomischen Größen hinaus zu werben. Das Instrument hierfür wurde bereits vor über 30 Jahren von der Wissenschaft vor dem Hintergrund des schon damals prophezeiten Klimawandels propagiert und fand mittlerweile in die marktwirtschaftlich effiziente Steuerung klimaverbessernder Maßnahmen Eingang. Es sind die Zertifikate. Wenn auch die Umsetzung dieses Instruments durch die Politik lau gehandhabt wird, indem die Zertifikate der Industrie weitgehend kostenlos überlassen werden und sie daher nur wenig Anreiz zu Produktionsänderungen geben, ist ihr Prinzip dennoch genial zu nennen: In einem ersten Schritt werden den Unternehmen Erlaubnisrechte (»Zertifikate«) in Höhe ihrer aktuellen CO_2-Emissionen zugeteilt oder verkauft. Wird nun ein Unternehmen mit einer Produktionssteigerung ebenfalls seine CO_2-Emissionen erhöht, muss es dazu zusätzliche Zertifikate erwerben. Da deren Gesamtzahl fix ist, um die CO_2-Emissionen insgesamt zu begrenzen, müsste es diese von anderen Unternehmen erwerben. Diese müssen dazu entweder ihre CO_2-relevante Produktionsmenge oder durch Prozessumstellungen ihre CO_2-Emissionen vermindert haben, in jedem Fall werden sie einen Preis für die Abgabe von Zertifikaten verlangen. Das expandierende Unternehmen wird sie dann entweder kaufen oder seinerseits den CO_2-Ausstoß reduzierende Investitionen vornehmen, wenn diese kostengünstiger als der Erwerb der Zertifikate sind. Mit diesem marktwirtschaftlichen und damit leicht handhabbaren System ist nicht nur gesichert, dass die gesamten CO_2-Emissionen eines Sektors gedeckt bleiben, sondern dass gesamtwirtschaftlich die geringsten Kosten anfallen. Ist zum Beispiel die CO_2-Minderung bei fossilen Kraftwerken physikalisch bedingt sehr teuer, durch Dämmung in Gewerbebauten hingegen vergleichsweise leicht zu erzielen, so wird der Stromerzeuger Zertifikate in diesem Sektor erwerben; eine CO_2-Minderung würde also hier sinnvoll über den Markt geregelt werden und zu den volkswirtschaftlich geringsten Kosten erfolgen. Eine zentralistische Reduktionsvorgabe von oben wäre nicht nur mit einem ungeheuren Verwaltungs- und Kontrollaufwand verbunden, sondern würde zu unnötig hohen Prozesskosten führen, was volkswirtschaftlich und politisch nur die Aufgabe von Reduktionszielen zur Folge hätte.

Dieses Prinzip, die Menge nicht-ökonomischer Größen über Zertifikate marktwirtschaftlich effizient zu steuern, ließe sich grundsätzlich auf viele andere Bereiche übertragen, sei es den Flächenverbrauch oder die Zahl von familien- und frauen-freundlichen Arbeitsplätzen. So kämen die nicht-ökonomi-schen, gleichwohl für die Wohlfahrt unerlässlichen Aspekte zu ihrem Recht, die Ökonomie hätte sie unbedingt zu beachten, ohne dass sie ihr »inneres« System ändern müsste. Ihre bisheri-ge absolute Vorherrschaft über Mensch und Natur wäre abge-löst durch eine Wirtschaft, in der das ökonomische Streben nach Gewinn und Vermögen einer Politik untergeordnet wäre, die allen Belangen einer allgemeinen Wohlfahrt verpflichtet ist.

Stärkung nicht-kapitalistischer und regionaler Wirt-schaftsweisen

Wie ein roter Faden zieht sich durch das Buch die Abgrenzung zwischen der menschengemäßen Wirtschaft und der auf nichts als Reichtumsmehrung ausgerichteten kapitalistischen Ökono-mie, die eben durchaus das Wirtschaften zulassen kann, in ih-rem Übermaß dieses jedoch immer mehr an den Rand drängt und dabei sowohl die allermeisten Menschen als auch ganze Gesellschaften stranguliert. Es wäre naiv zu glauben, dass ethische Appelle für eine Beschränkung des Wachstums und all seiner schädlichen Auswüchse eine weltweite Selbstbeschränkung der Gewinn- und Renditeziele zur Folge haben könnten.

Wohl aber kann die große wie die kleine Politik nicht-kapitalistische Wirtschaftsweisen bewusst fördern beziehungsweise nicht schlechter behandeln als die Kapitalgesellschaften, die mit außerordentlichen Steuerprivilegien bevorzugt werden, wie sie zum Beispiel die internationalen Konzerne genießen, die ihre europäischen Ableger keine oder nur verschwindend geringe Steuern von 1,9 Prozent (Apple) zahlen lassen. Nicht nur würde hiermit das Gewicht des kapitalistischen Sektors innerhalb der gesamten Wirtschaft vermindert, sondern es entstünde ein frischer, vernünftiger Wettbewerb zwischen verschiedenen Wirtschafts- und Betriebsformen. Im guten Sinne der Marktwirtschaft können und sollen dann kapitalistische und nicht-kapitalistische Systeme gleichberechtigt wirtschaften, konkurrieren, voneinander lernen und im idealen Falle eine optimale Wirtschaft abgeben, in der die Menschen frei zwischen den unterschiedlich geprägten Arbeits- und Produktangeboten wählen können.

In erster Linie wären hier Genossenschaften zu nennen, Einrichtungen von Personen oder Betrieben, die auf diese Weise einen gemeinsamen wirtschaftlichen Zweck besser zu erreichen versuchen. Handwerker, die sich in einer Genossenschaft zusammentun, können verschiedene Gewerke aus einer Hand anbieten und Kosten durch eine gemeinsame Verwaltung und Abrechnung sparen. Bei Einkaufsgenossenschaften wie beispielsweise der BÄKO profitieren die Bäcker von besseren Konditionen dank großer Bestellmengen, aber mindestens so sehr auch von den in einer Hand gesammelten Erfahrungen mit den Lieferanten und ihren Erzeugnissen wie etwa Backmaschinen. Raiffeisen ist der klassische Begriff für ländliche Einkaufs-, Produktions- wie Verwertungsgenossenschaften, und die

Volksbanken erwuchsen aus der Geld- und Kreditnot, unter der kleine und mittlere Betriebe im 19. Jahrhundert litten. Sie schufen mit dem bis heute bei Bausparkassen verbreiteten geschlossenen Kreislauf von Ansparen und Kreditvergabe ein System, das den Mitgliedern eine verlässliche Finanzierung und verträgliche Zinsen sicherte.

Verlässlichkeit und Sicherheit sind generell die herausragenden Merkmale, die Mitglieder von ihren Genossenschaften erwarten und deswegen auch dann Solidarität üben, wenn sie mit ihren Anteilen nicht denselben monetären Ertrag erzielen wie mit hochrentablen Kapitalanlagen. In ihrer ökonomischen Wirkung sind Genossenschaften daher mit familiengeführten Betrieben zu vergleichen, soweit dort nicht Ausschüttungen an den Clan Priorität haben, sondern Überschüsse dem Betrieb zugeführt werden und seinem langfristigen Überleben dienen. Hier werden Arbeitsplätze gesichert, und Geld fließt in den Wirtschaftskreislauf zurück, statt in spekulativen Finanzanlagen oder windigen Investitionen ohne realen Nutzen versenkt zu werden. Das »starke Band«, das sie zusammenhält, ist nicht zuletzt auch die personale Beziehung der Akteure. Sie erleben ihre Arbeit als das Wirtschaften, das sinnvolle Tun für sich und andere, das »Leben und leben lassen« anstelle einer maximalen Ausbeute aus Mitarbeitern und Lieferanten; wo der Unternehmensanteil nicht nur um einer Rendite willen gezeichnet und gehalten wird, sondern auch eine Anteilnahme am Unternehmensgeschehen bedeutet. Dieses unternehmerische Engagement und die in der Genossenschaft erworbenen Kontakte können auch für einzelne einen weichen Übergang in die völlige Selbständigkeit befördern, die aus einem klassischen Job heraus wesentlich schwieriger zu bewerkstelligen ist.

Während Familienunternehmen einerseits durchweg weniger kapitalistisch, also nicht anonym und eindimensional ausgerichtet auf Gewinnmaximierung sind, agieren sie andererseits durchaus geschickt und erfolgreich auf den globalen Märkten. Die Bedeutung dieser globalen Märkte wird niemand ernsthaft in Frage stellen oder sie gar zugunsten einer schmalen Selbstversorgungsautonomie abschaffen wollen, doch ist der Grenznutzen der überbordenden Produktionsteilung mittlerweile negativ. Nicht nur verantworten sie erhebliche ökologische Schäden, die Vertreibung der lokalen Selbstversorgung zugunsten von Soja- und Kraftstoff- beziehungsweise Palmölplantagen und teilweise unwürdige Arbeitsbedingungen, sondern sie erst haben die Bildung multinationaler Konzerne ermöglicht, die sich mittlerweile praktisch komplett der Kontrolle der einzelnen Staaten entziehen und aufgrund ihrer grenzenlosen Kapitalmobilität mit Steuerschlupflöchern jonglieren. Dieses anonyme, nicht greifbare Kapital ist es, das zunehmend das Geschehen in der Wirtschaft »von oben her« bestimmt und sie mit der rücksichtslosen Sucht nach Rendite und Gewinn infiziert.

Solange hieran nicht angesetzt werden kann, sollten die regionalen Kräfte gestärkt werden. Sie weisen sicher nicht die Effizienz auf, die die globale Ökonomie entfesselt hat, doch sie stabilisieren das Wirtschaftsgeschehen durch ihre weitaus engeren Netze, die Abnehmer und Produzenten miteinander verknüpfen, und sie agieren anders als die Multis mit einer »Bodenhaftung«, die geographische, soziale, gesellschaftliche und ökologische Aspekte in ihr Handeln einbezieht. Auch die Verbraucher sollten für solche nachhaltigen Wirtschaftsformen zu gewinnen sein, wo sie die spezifischen Produktqualitäten und Herstellungsweisen unmittelbar erfahren und dafür auch höhere Preise akzeptieren. Auf längere Sicht hin könnten viele kleinere Betriebe eine Existenz finden und Arbeit schaffen; die Region produziert zwar nicht so billig wie chinesische Wanderarbeiter, aber transparent und verbunden mit den hier heimischen Menschen. Je mehr solche nicht-kapitalistischen Unternehmen miteinander auf verschiedenen Ebenen kooperieren, umso mehr schaffen sie stabile Gewichte gegen die unvorhersagbaren Turbulenzen der globalen Ökonomie und deren daraus resultierende Verletzlichkeit. Diese ist nicht nur von ökonomischer, sondern durchaus auch von harter realer Natur, wenn wir die weltweiten und mehrstufigen Lieferketten und die keinesfalls immer verlässlichen Ursprungsorte unserer Waren bedenken. Jeder und jedem von uns fallen dazu sofort die diversen Lebensmittelskandale der letzten Zeit ein, in denen die undurchsichtige Gemengelage von Herstellern und Händlern uns wenig schmackhafte Gerichte servierte. Doch auch andere Industrien lassen die Empfindlichkeit unserer globalen Versorgung ahnen: So führte das durch Fukushima unvergessene Erdbeben in Japan unter anderem zu einer Produktionsunterbrechung bei elektronischen Autokomponenten, und für die in vielen unserer täglich genutzten elektrischen und elektronischen Geräte verwendeten Metalle der Seltenen Erden verfügt China derzeit über eine Monopolstellung.

Regionalisierung müsste auch keinesfalls gegen die Interessen der Menschen in den anderen Gebieten der Welt verstoßen; im Gegenteil könnte ihnen ihr Land, das heute von multinationalen Industrien für Energieplantagen und Billigfutter beansprucht wird, wieder zurückgegeben werden. Und statt für unermessliche Devisenmengen zu schuften, die in den chinesischen Tresoren ohnehin nur nutzlos verrotten, wäre die chinesische Wirtschaftspolitik angehalten, ihre Kräfte stärker auf die Entwicklung des eigenen Landes zu verwenden. Auch die bislang nur zentralistisch, in milliardenschweren Kraftwerken praktizierte Stromerzeugung kann mit den heute verfügbaren Techniken dezentralisiert werden. Damit sinkt zwar nicht die Kapitalsumme insgesamt, doch, verteilt auf viele Personen, kleine und mittlere Betriebe, kann sie nicht erpresserisch missbraucht werden, wie wir es beispielsweise mit den Kraftstoffen durch die globalen Ölkonzerne erleiden müssen.

Bei aller Technikbegeisterung und dem Potential der Energieerzeugung auf hoher See und in der Wüste ist doch die Frage, ob es gut für Wirtschaft und Gesellschaft ist, wenn hier wieder nicht nur Energie, sondern auch renditehungriges Kapital, alleine in Höhe von 400 Milliarden Euro für Desertec, geballt wird. Hermann Scheer kam in seinem letzten Buch *Der Energethische Imperativ* zu dem Schluss, dass mit lediglich 50 Milliarden Euro, dezentral investiert in 5-MW-Windräder, dieselbe Strommenge erzeugt werden könne, wie sie Deutschland – wesentlich später und, wenn überhaupt, angesichts von 40 beteiligten Staaten unterschiedlicher politischer Stabilität – aus dem Desertec-Projekt beziehen will.

Selbstverständlich kann man sich in einer stärker regionalisierten Wirtschaft auch »postökonomische« Formen des Wirtschaftens vorstellen, wie sie heute schon vereinzelt praktiziert werden. Das sind etwa Tauschringe, der in Anfängen begriffene Trend des Gemüseanbaus in Stadtregionen oder das in Japan schon verbreitete System der Pflegezeitkonten, mit denen man sich in einem Generationenvertrag ähnlich dem Rentensystem mit heutiger Pflege eine Versorgung im Alter sichert. De-Kapitalisierung erreicht man auch durch eine Verlagerung vom Besitzen hin zum Nutzen. Wer genau und ehrlich rechnet, wird beispielsweise feststellen, dass Carsharing nicht nur wegen der insgesamt geringeren Fahrzeuganzahl weniger Fläche frisst, sondern unter dem Strich auch weniger Geld. Und wenn wir uns an eine vorangegangene Rechnung erinnern, wonach nur die Hälfte des Nettopreises eines Autos den Arbeitnehmern zugutekommt, die andere Hälfte aber ans Kapital geht, ist eine insgesamt arbeitsintensivere Autowelt zu fordern: Ähnlich wie heute schon bei Fotokopiergeräten sollten auch Autos und andere technische Produkte mittels einer Modulbauweise um- und aufgerüstet werden können. Dies würde auf Dauer den Material- und Energiebedarf dieses geschätzten Verkehrsmittels erheblich verringern und die Wertschöpfung stärker in die Regionen verlagern. Viele weitere, schon heute praktizierte Beispiele»von Menschen, die anders wirtschaften und besser leben«, finden sich in dem mit diesem Untertitel deklarierten Buch *Wir steigern das Bruttosozialglück* (2011) von Annette Jensen. Joachim Sikora und Günter Hoffmann haben schon vor mehr als zehn Jahren eine *Vision einer Gemeinwohl-Ökonomie* entwickelt, die Christian Felber dann später in ein»Wirtschaftsmodell der Zukunft« weiter ausformuliert hat.

Als Klammern für ein solches Wirtschaften können dabei eigene Währungen dienen. Diese decken den Waren- und Leistungsaustausch innerhalb einer Region oder eines Wirtschaftssektors ab und sichern ihn vor den erratischen Ausschlägen der globalen Währungen und Konjunkturen. Eine eigene Parallelwährung könnte sogar einen Krisenausweg auf nationaler Ebene bieten.[42]

Beispielsweise wird im Hinblick auf die desolate Situation Griechenlands eine naheliegende Lösung kaum bis gar nicht behandelt: die Beibehaltung des Euro als Leitwährung und (!) die Wiedereinführung der Drachme, nun aber als nicht konvertible, sondern nur für den Binnenmarkt einsetzbare Zweitwährung. Auf diese Weise kann Wirtschaften, das sinnvolle und effiziente Zusammenführen von Bedarf und dessen Deckung, auch ohne Besitz »wertvollen« Geldes in Gang gesetzt werden. Die Protagonisten von Regionalwährungen sehen gerade in dem minderen Wert ihres Geldes einen entscheidenden Vorteil: Während harte Währung gerne gehortet oder in Gold umgeschmolzen wird und damit leistungsfördernde Nachfrage mindert, werden die Besitzer von »Zweitgeld« dieses möglichst bald gegen reale Güter und Dienstleistungen eintauschen wollen und so die Wirtschaft ihrer Region befördern und in Schwung halten.

Diesem Stimulus von Regionalgeld – alleine in Deutschland gibt es neben dem »Chiemgauer« rund fünfzig weitere Verbände – stehen die fehlende Bekanntheit und ihre geringe Reichweite gegenüber. Sie sind unkonventionell und für Außenstehende leicht nebulöser Herkunft, ihre Zukunft ist ungewiss, und sie sind auf bestimmte Regionen und deren Leistungsangebot beschränkt. Doch erweitert auf ganz Griechenland stünde der Staat selber hinter der Währung, und ihre Begrenzung auf die Nation würde sich als ein Segen erweisen: Sie ermöglichte der griechischen Wirtschaft eine Erholung und Weiterentwicklung, ohne sofort und überall von der übermächtigen Konkurrenz der starken Euroländer überrollt zu werden.

Eine solche »Neue Drachme« käme als anteilige Zahlung des Staates bei Gehältern und inländischen Rechnungen auf den Markt und würde staatliche Euroguthaben für Importe und den Schuldendienst schonen. Ein Wechselkurs zum Euro mit all seinen Problemen sollte nicht festgelegt werden, stattdessen würden individuell, je nach Verfügbarkeit und Bedarf, die Gehälter und Preise in Drachmen- und Eurokomponenten aufgeteilt werden. Selbstverständlich würden die Euro bevorzugt werden, doch ebenso selbstverständlich würde kein Angestellter auf die Drachmen verzichten, wenn er damit zumindest nationale Güter und Leistungen erwerben kann. Umgekehrt wird ein Verkäufer eher Drachmen akzeptieren, als überhaupt kein Geschäft zu machen. Er wird seinerseits die Drachmen für Löhne und zum Bezug inländischer Waren verwenden. So werden sich lokale und sektorale Gleichgewichte zwischen Euro und Drachme bilden, die markteffizient sind und sich einer gezielten Spekulation entziehen.

Zu Anfang wird die geringere Euroverfügbarkeit den Erwerb schicker Importwaren spürbar einschränken. So werden zweifellos die meisten Griechen ihr Auto länger fahren müssen. Dies spart aber der Volkswirtschaft Milliarden von Euro und schafft Arbeit und höhere Effizienz in den Werkstätten. Und euroteure Energie mag die Entwicklung heimischer Wind- und Solarenergieanlagen fördern. Solcher »Windschutz« eröffnet also dem nationalen Gewerbe die Chance, sein Angebot in Umfang, Preis und Qualität attraktiver zu gestalten, so dass es im Wettbewerb mit den unverändert erhältlichen Eurogütern aufholen kann.

Das duale Konzept würde also die Vorteile zweier scheinbar gegensätzlicher Alternativen vereinbaren, ohne deren jeweilige Nachteile mit erkaufen zu müssen: Der Eurobedarf des Staates und damit die zukünftigen Kreditaufnahmen würden wesentlich vermindert werden, ohne die schützende wie belebende Zugehörigkeit zur Eurozone zu verlieren. Und gegen eine nicht konvertible Drachme lässt sich nicht spekulieren. Qualitative Konsumeinschränkungen für alle erübrigen Entlassungen für Zehntausende und dramatische Lohneinbußen für Millionen.[43]

Geographisch begrenzte Währungen bedeuten keinesfalls eine Abschottung vom Weltmarkt, sie haben eher die Wirkung einer Zellmembrane und lassen einen gegenseitigen Güter- und

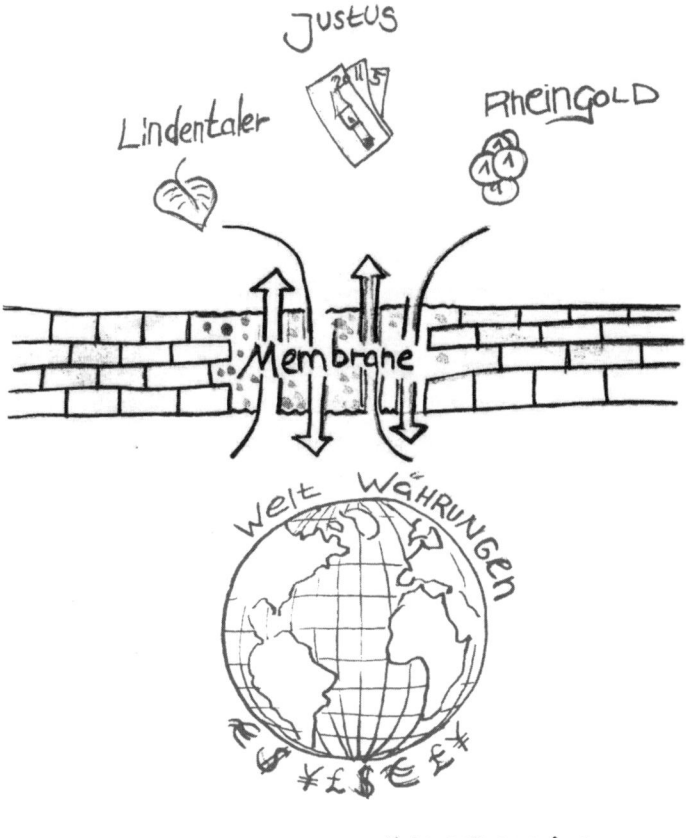

BINNENWÄHRUNG

Justus

Lindentaler

Rheingold

Membrane

Welt Währungen

AUSSENWÄHRUNG

Informationsstrom zu, ohne jedoch davon überschwemmt werden zu können. Der Sprecher des »Regionalen Aufbruchs« (www.regionaler-aufbruch.de), Reinhard Stransfeld schrieb mir dazu:

»Auch in der Kommunikationstechnik ist die Membranfunktion unverzichtbar zur Sicherung der Geräte, bekannt als ›Firewall‹. In der sozioökonomischen Welt ist diese Schutzfunktion gleichermaßen unverzichtbar. Hier kann sie durch zwei getrennte Sphären des Geldes wahrgenommen werden, also durch eine Binnenwährung und eine Außenwährung, zum Beispiel den Euro. Durch ein Paritätsgefälle wird sichergestellt, dass globales Lohn- und Ökostandarddumping nicht die eigenen Produktionseinrichtungen und Arbeitsplätze im Binnenraum gefährden und angreifen kann.«

Grundsätzlich ist jedem und jeder Einzelnen schon heute, ohne alle »obrigkeitlichen« Maßnahmen, die Bevorzugung von Produkten aus der Region, natur- und tierverträglicher Herstellung und fairen Handels möglich, doch wird man einen solchen Altruismus nicht generell erwarten dürfen. Der momentane Preisvorteil dominiert bei der Kaufentscheidung immer noch den mittel- und langfristigen Nutzen wie die häufig bessere Qualität. Würden hingegen den Haushalten die durchschnittlich 600 Euro, die sie monatlich an Zinsen und Gewinn über ihre Käufe abliefern zurückgegeben werden, fiele ihnen der Umstieg auf einen sinnvolleren Konsum sehr viel leichter. Er ermöglicht ja nicht nur eine längere (und häufig auch lustvollere) Nutzung, sondern auch eine Wirtschaftsstruktur, die den Arbeitnehmern die Vorteile kürzerer Arbeitswege und eines stabileren und persönlicheren Beschäftigungsverhältnisses beschert. Die insgesamt weniger durchrationalisierte, aber personalintensivere Wirtschaft mag dann auch den arbeitslosen Menschen helfen, denen heute ihre knappe Kasse gar keine andere Wahl lässt, als mit Schnäppchenkäufen auf Dauer den Ast abzusägen, auf dem sie sitzen. Zu spät erkannte dies die Bevölkerung der ehemaligen DDR, als sie nach der Wende sich auf die Westprodukte und damit ihre eigene Wirtschaft und ihre Arbeitsmöglichkeiten ins Bodenlose stürzte.

Doch weshalb die viel gepriesene und geforderte Offenheit und Innovation nicht auch auf das Geldsystem anwenden? So könnten nach dem bereits erwähnten Vorbild von Wörgl klamme Kommunen durchaus mit selbst geschaffenem Geld Vorhaben ermöglichen, für die Euro nicht oder nicht ausreichend vorhanden sind, etwa um damit einen Teil der lokalen Handwerkerarbeiten an einem Hackschnitzelkraftwerk zu bezahlen.[44] Auf diese Weise würden das streng kapitalistische System mit seinen in Großserie topaktuell und billig hergestellten Produkten nicht behindert, aber das ökologisch und sozial nachhaltige regionale Wirtschaften gefördert werden, und den Menschen im guten Sinne einer Marktwirtschaft eine reelle Auswahl geboten werden.

Wesentliches Merkmal einer kapitalistischen Gesellschaft ist auch, aus allem »das Letzte« herauszuholen, um in der unerbittlichen Konkurrenz nicht in die Verlustzone und damit aus dem Geschehen herauszurutschen. Für Betriebe wie für Menschen folgt daraus, ihnen eine Grundsicherung zu geben, die ihnen ein entspannteres Arbeiten und Wirtschaften ermöglicht, ohne an oder gar über ihre Grenzen gehen zu müssen. Würden soziale und der Allgemeinheit dienende Einrichtungen mit einer Grundförderung zur Existenzsicherung versehen, müssten diese nur noch ihre variablen Ausgaben entsprechend ihrem tatsächlichen Leistungsumfang erwirtschaften. Hier herrschte weder ein unbarmherziger Druck noch ein Spendierparadies.

In einem solchen System entfiele zum Beispiel der heutige Anreiz für Krankenhäuser, über eine hohe Zahl von Operationen ein mögliches Defizit zur Deckung ihrer Fixkosten zu vermeiden. Gleichzeitig wären notwendige, aber bislang nicht ertragreiche Grundaktivitäten finanziell abgesichert. So ist ein Grund für die in Deutschland verhältnismäßig häufigen Infektionen mit Krankenhauskeimen, dass es zu deren Abwehr keine

Einnahmen über Fallpauschalen gibt und daher – im Gegensatz zu den Niederlanden etwa – diese Grundaufgabe nicht hauptamtlich betreut wird.

Auch Verfechter des Grundeinkommens oder Bürgergelds möchten dem einzelnen Menschen Luft verschaffen. Er bräuchte dann nicht bis zur letzten freien Minute vom Gelderwerb gefordert zu sein, sondern könnte sich auch um andere Angelegenheiten des eigenen Lebens und seiner Mitwelt kümmern – vielleicht auch mal schlicht um nichts.

Die hier skizzierten Ansätze, das Leben und Arbeiten von dem bis zum letzten ausgereizten Effizienz-, Rendite- und Erwerbsdruck zu entlasten, könnten endlos ausformuliert und diskutiert werden, bevor sie auch nur die hauchdünne Chance bekämen, realisiert zu werden. Mit ein Grund dafür ist sicher die Schwierigkeit, einen breiten Konsens auf nationaler oder gar supranationaler Ebene zu finden. Dies spräche dafür, nicht nur das Wirtschaften wieder stärker in die Region hinein zu verlagern, sondern auch die politischen Entscheidungsbefugnisse. Hier bietet sich als Instrument die autonome kommunale Einkommensteuer an, wie sie in Skandinavien etabliert ist. Sie eröffnet die Chance, dass Kommunen eigene, ihrer sozialen und wirtschaftlichen Topographie angepasste Wege planen, beschreiten und ausprobieren, statt dass ebenso zentralistisch wie vergeblich eine alle seligmachende Richtschnur gesucht wird.

Ordnung in das Geld bringen und dabei die Sparguthaben sichern

So selbstverständlich wir das Geld handhaben, so wenig selbstverständlich ist sein Wesen. Wir sind gewöhnt, dass es funktioniert, nämlich dass wir uns damit etwas zu dem Wert kaufen können, der darauf geprägt oder gedruckt ist. In der klassischen Volkswirtschaftslehre spielt das Geld sogar eine überraschend unbedeutende Rolle, dort wird es nur als Spiegelbild der realen Güterströme gesehen, ohne autonome Wirkung. Erst Gunnar Heinsohn und Otto Steiger sowie David Graeber haben das Augenmerk auf den eigenständigen Charakter des Geldes gelenkt, nämlich dass es kein wertloses und unschuldiges Tauschmittel ist, sondern eine Schuld gegenüber dem Inhaber ausdrückt.

Das mag dramatisch klingen, spiegelt aber doch nur die banale Wirklichkeit des Wirtschaftens wider, wenn nicht gar des menschlichen Miteinanders generell. Denn Leistungen und Gegenleistungen erfolgen in der Regel in einem zeitlichen Abstand zueinander, so dass ein Partner stets für eine gewisse Zeit in der Schuld des anderen steht, förmlich dokumentiert in den Schuldscheinen. Diese nehmen dann den uns vertrauten Charakter von »Geld« an, wenn sie nicht nur zwischen den Partnern, sondern allseits als werthaltig anerkannt werden. Dies war früher durch das (Edel-)Metall der Münze selbst oder zumindest das Versprechen ihrer Einlösung in Gold gegeben, dies ist heute schlicht die Erfahrung mit den »harten« Währungen, dass sie für jedwedes käufliches Gut verwendet werden können. Dass dem so ist, dafür hat vom Gesetz her die Zentralbank eines Landes beziehungsweise in der EU die EZB zu sorgen.

Man muss sich dabei vor Augen halten, dass das Geld nur über eine Kreditgewährung an einen Schuldner in die Welt kommt; zunächst sind es die Geschäftsbanken, die »echte« Euro von der EZB leihen, dann die Unternehmen und Privaten, die von einer Geschäftsbank über einen Kredit das Bargeld weitergeleitet bekommen oder den Kredit bargeldlos direkt von der Bank erhalten. Mit diesen Geldern können nunmehr Güter und Leistungen erworben werden, womit das Geld seinen Kreislauf durch die Wirtschaft antritt und wir es im Regelfall die Hand bekommen. Doch wie in den Kreislaufbildern des 2. Kapitels skizziert, muss am Ende der Kreditlaufzeit das Geld wieder zurückgegeben werden, der Schuldner muss also durch den Verkauf eigener Leistungen (Güter, Arbeit, in der Not Sachvermögen) das zu Beginn ausgegebene Geld zurückbekommen. Und hier offenbart sich der Schuldcharakter des Geldes: Es stellt letztlich immer eine Forderung an die Kreditnehmer auf Erbringung wirtschaftlicher Leistungen dar. Wenn die Gesamtsumme an Notenbankgeld in Deutschland mit rund 200 Milliarden Euro in etwa seiner Monatsleistung entspricht, dann ist dies ein vertretbarer Wert: Die im Geld symbolisierten Forderungen können innerhalb eines Monats erbracht werden; da braucht sich niemand um das faktische Potential der Einlösung in reale Gegenleistungen zu fürchten. Die Notenbank beziehungsweise die EZB hat ihren Job, den Geldwert zu sichern, erfüllt.

Leider ist das nicht das Ende. Denn die Geschäftsbanken können, wie in Kapitel 2 ausgeführt, mithilfe der multiplen Geldschöpfung eine fünf- bis sechsfache Geldmenge des Notenbankgeldes erzeugen, und so erhalten wir in Deutschland einen Forderungsberg, der schon einem halben Jahr an Wirtschaftsleistung entspricht. Jedes Unternehmen, das einen Forderungsbestand in Höhe eines halben Jahresumsatzes hätte, würde schon mehr als kritisch begutachtet, wann und ob je überhaupt dieses bilanziell ausgewiesene Vermögen realisiert werden würde. Und schauen wir erst auf die Geld-Tsunamis, die in einer Welle des Zigfachen der Weltwirtschaftsleistung über den Finanzglobus rasen, wird uns ganz schwindlig – wollte jemand auch nur einen Bruchteil davon in reale Leistungen umgemünzt haben, bliebe uns nichts mehr übrig. So wie es sich ansatzweise seit der Lehman-Krise zeigt, als die Bevölkerungen dafür büßen müssen, dass aufgeblasene Geldsummen eine Unzahl spekulativer Ferienanlagen und anderer Luftschlösser bauten oder in Korruption, Misswirtschaft und Staatskredite gesteckt wurden, denen keine wirtschaftlichen Werte folgten, die Rückzahlung also stattdessen durch Verzicht auf Löhne, Rente, Anstellung und soziale Leistungen erfolgte.

Noch immer aber schweben über der Realwirtschaft turmhohe Geldwolken, in letzter Zeit angereichert durch die Injektionen der EZB, mit denen sie die Schuldenkrise zu meistern hofft. Gefährlich werden diese Wolken, wenn sie auf der Erde zu konkreten Anlageobjekten kondensieren. Dann werden plötzlich alle freien Immobilien in guten Lagen aufgekauft, dann wird nicht nur Gold nachgefragt, sondern auch Rohstoffe, Lebensmittel und ganze Landstriche in Afrika. Die normalen Akteure auf diesen Märkten können dann nur noch hilflos zuschauen, wie ihre realen Bedürfnisse und Leistungen in einer Treibjagd von Spekulanten unter die Hufe kommen.

Gemeinhin aber hält sich die Vorstellung, eine Bank verleihe nur so viel Geld, wie ihr an Spar- und sonstigen Einlagen zufließen; auf diese Weise würde auf der einen Seite über Kredite nur so viel an Leistung von der Volkswirtschaft abgerufen, wie auf der anderen Seite durch Konsumverzicht freigehalten wird. Allenfalls würde eine Zentralbank wie die EZB dann neues Geld in Umlauf bringen, wenn eine gestiegene Wirtschaftsleistung dies erforderte. So würde vermieden werden, dass der Kreislauf von Angebot und Nachfrage schlicht durch fehlendes Geld blockiert wäre. Dieses Modell ist so simpel wie vernünftig, weil hier das Geld als Schlüssel zum Wirtschaften dient und sich nicht als ökonomisches Medium verselbständigt und gar regiert. Tatsächlich gibt es entsprechende Forderungen auch von der Wissenschaft, zu diesem als Vollgeld bezeichneten System zurückzukehren, das heißt die Hoheit über das Geldwesen auch faktisch wieder ganz in die Hände der Notenbanken zu geben, wie es das Bundesbankgesetz ohnehin vorschreibt, aber mit Geldmengen, die je nach Abgrenzungssystematik zwischen dem Vier- bis Zwanzigfachen des Notenbankgeldes liegen, schon längst ausgehebelt wurde.

Joseph Huber schlägt in seinem Buch *Monetäre Modernisierung* wegen der großen Bedeutung für die gesamte Wirtschaft eine gesellschaftlich breiter verankerte Nachfolgerin der Zentralbank vor, die sogenannte »Monetative« als eigenständiger und demokratisch legitimierter Einrichtung des Staates neben der Legislative, der Exekutive und der Judikative. Eine solche Monetative würde auch das weithin unsichtbare Gebaren der Geschäftsbanken transparent und dieses der Volkswirtschaft dienlich machen können. *Geldschöpfung. Die verborgene Macht der Banken* lautet der Titel eines Buches von Horst Seiffert, das sogar zu belegen versucht, dass sich die Banken ihr Vermögen auf Kosten der Gesellschaft aneignen. Mit der Übertragung des Geldregals, des Rechts auf Geldschaffung, einzig auf die Monetative wäre nur noch sie »systemrelevant«. Statt sich vom Staat aus selbstverschuldetem Schlamassel mit Unsummen retten zu lassen, käme den Banken nur noch ihre eigentliche Aufgabe zu, nämlich für einen optimalen Ausgleich zwischen Ersparnissen, das heißt Verzicht auf volkswirtschaftliche Leistungen, auf der einen Seite, und Nutzung dieser freigebliebenen volkswirtschaftlichen Kapazität durch Kreditnehmer auf der anderen Seite zu sorgen. Es bräuchte dann auch keine Sorge um die Sicherheit der Spareinlagen mehr zu geben, weil im Gegensatz zu heute mit dem volumenmäßig überwiegenden Giralgeld dann *alles* Geld gesetzlich anerkanntes Zentralbankgeld wäre. Nur wenn es volkswirtschaftlich geboten wäre, würde die Monetative den Banken über die Einlagen hinaus zusätzliche Kredite zur Verfügung stellen. So bliebe im Gegensatz zu heute die Gesamtmenge an zusätzlichem Geld unter Kontrolle und in einem soliden Verhältnis zur Wirtschaftsleistung; eine überfließende, Länder und Märkte überschwemmende Liquidität, wie sie regelmäßig zu Finanz- und Wirtschaftskrisen führt, könnte unterbunden werden. Umgekehrt würde eine solche Monetative auch dort mit ihrer Geldmengensteuerung eingreifen können, wo Geld geparkt wird und damit den Wirtschaftsfluss und zukunftssichernde Investitionen bremst.

So bunkern in Deutschland derzeit alleine die DAX-Unternehmen fast 300 Milliarden Euro als Liquidität, und 400 Milliarden Euro wurden zu Gold eingeschmolzen. Diese nutzlos außer Umlauf gebrachten 700 Milliarden Euro aber wären genau derselbe Betrag, mit dem die sträflich vernachlässigte Infrastruktur der Kommunen wieder saniert oder der Gebäude- und Gerätebestand Deutschlands auf höchste Energieeffizienz gebracht werden könnte. Die Verfechter der Monetative sind sich auch sicher, die Verschuldung der öffentlichen Haushalte durch diese Rückführung des Geldregals auf den Staat erheblich abbauen zu können. Dies wäre ohnehin nur recht und billig, denn in Deutschland ist die sogenannte Staatsverschuldung nichts anderes als eine Verschuldung bei uns selbst, den Bürgern eben desselben Staates, also genauso eine Luftnummer wie eine Geldverschiebung von unserer linken in unsere rechte Tasche. Bei näherem Hinsehen auf die privaten Auslandsvermögen erweisen sich auch die viel gescholtenen Schuldnerländer als finanziell viel potenter, als es der geknechteten Bevölkerung weisgemacht wird. Dies gilt nicht nur für viele afrikanische Diktaturen mit milliardenschweren Privatkonten in sicheren Tresoren, sondern auch für Griechenland, wo bekanntlich Hunderte privater Euromilliarden außer Landes gebracht und auch zum Erwerb von Immobilien gerade in den Ländern eingesetzt werden, die dem Staat mit dreistelligen Milliardenbeträgen unter die Arme greifen ...

Noch ein anderer unsäglicher Zustand entfiele, wenn das Geldsystem etwa in Form der Monetative wieder in die alleinige Obliegenheit des Staates käme: der leistungslose Zinsgewinn der Geschäftsbanken durch ihre Kreditvergabe. Der entsteht für sie nämlich zum ersten dann, wenn sie wie derzeit Notenbankgeld zu verschwindend geringen Zinssätzen erhalten, diese Mittel aber zu deutlich höheren Sätzen weitergeben. Mehr als ein Schuldbürgerstreich ist es, wenn die öffentlichen Haushalte nur auf diesem teuren Umweg von ihrer gemeinsamen Notenbank EZB über die Geschäftsbanken zu ihren Krediten kommen, obwohl gerade sie es sind, die erst mit milliardenschweren Garantien das Geldsystem und die Geschäftsbanken stabilisieren. Die zweite Quelle unangemessenen Zinsgewinnes ist die, dass die Geschäftsbanken für das Giralgeld, das sie fast kostenlos kreieren und ohnehin nur gegen Sicherheiten herausgeben, dank der Zinsen Überschüsse über ihre tatsächlichen Verwaltungs-, Ausfall- und Refinanzierungskosten hinaus erhalten.

Dass das Geld- und Finanzwesen wieder wirkungsvoll, verständlich und verlässlich den Wirtschaftsakteuren zugutekommen soll, haben auch diejenigen kritischen Stimmen im Sinne, die an das Geld und seinen Wert reale Maßstäbe anlegen wollen. Das scheinbar so sichere Gold aber kann man bekanntlich weder essen noch verfeuern, die heutige starke Nachfrage beruht lediglich auf seiner allseits eingebildeten Werthaltigkeit. Wird diese jedoch in echter Not als Illusion erkannt, wird sein Preis schneller zu Boden stürzen als jeder Krügerrand, es ist also als nachhaltiger Wertmaßstab völlig ungeeignet.

Eine weltweit gültige Leitwährung »Terra« dagegen, wie sie der Finanzfachmann und frühere Direktor der belgischen Zentralbank Bernard A. Lietaer vorgeschlagen hat,[45] entspräche dem Gegenwert eines Warenkorbs aus Energie und wichtigen Rohstoffen. Indem der Gesamtpreis eines solchen Warenkorbs in der jeweiligen nationalen oder europäischen Währung berechnet werden würde, ließe sich anhand der Preisentwicklung für diesen Warenkorb die für das (Über-)Leben relevante Inflation ablesen. Eine Kopplung vieler Vereinbarungen und Verträge an die Terra würde zwangsläufig ein Aufblähen der Dollar- und Eurowelt und die damit einhergehenden Verwerfungen und Zusammenbrüche von vornherein erschweren. Eine solche Terra würde auch einen nachhaltigen Umgang mit diesen Ressourcen erzwingen, während das heutige ungebremste Geldsystem es im Prinzip gestattet, sich jede Knappheit finanziell leisten zu können, und damit die Illusion grundsätzlicher Verfügbarkeit in die Köpfe zaubert.

Mögen angesichts der schon im Klimaschutz offenkundigen Unfähigkeit der Staatengemeinschaft zu durchgreifenden Änderungen solche Ideen als blauäugig erscheinen, so können auf kommunaler beziehungsweise regionaler Ebene durchaus erste Ansätze nachhaltiger Geldsysteme gepflanzt werden. Margrit Kennedy, die anstoßende und treibende Kraft der Regionalwährungen, brachte das Konzept der »Sonnenscheine« ans Licht, eine Regionalwährung, deren Wert sich in Kilowattstunden bemisst. Diese könnten ein gutes Vorbild für viele Kommunen sein: Die Bürger erhielten für ihre finanzielle Beteiligung (in Euro) an lokalen Energieerzeugungsanlagen entsprechend Gutscheine für ihren Energiebezug, die sie aber in ihrer Region ebenso als sachwertgedeckte und daher voll akzeptierte Ersatzwährung verwenden können. Hiermit ließen sich zwei Ziele erfüllen: werthaltiges und nicht manipulierbares Geld und die Förderung der regionalen Wirtschaft.

Was kostet die Sonne?

Alle Bemühungen, die Ökonomie auf ein für Mensch, Natur und wirtschaftliche Stabilität vertretbares Maß zurückzufahren, scheitern bislang an deren eigentlichem Merkmal: der zins- beziehungsweise renditebedingten Kapitalmehrung. Sie lässt ein Ende des Wachstumsdrucks nicht zu. Irgendwann könne das Wachstum doch nicht mehr weitergehen, müssten doch »die Grenzen des Wachstums« erreicht sein, ist Befürchtung wie Hoffnung seit nunmehr mindestens vierzig Jahren. Doch wenn und wo ihr sich tatsächlich physische oder gesellschaftliche Hindernisse wie der vielfach propagierte Konsumverzicht auftun, sucht und verschafft sich die Ökonomie andere Anlagefelder, sei es durch Übernahme und Durchdringung öffentlicher Aufgaben, sei es durch neue Areale wie die internetbasierte Telekommunikationswelt. Leider blenden die vielen wohlmeinenden Wissenschaftler, die attraktive Szenarien für eine menschliche und ressourcengenügsame Wirtschaftsweise entwickeln, diesen bedrohlichen Aspekt aus ihren Darstellungen aus, selbst die bekannten Wachstumskritiker Meinhard Miegel und Tim Jackson in ihren kürzlich erschienenen Titeln *Exit* beziehungsweise *Wohlstand ohne Wachstum*.

Mittlerweile wird man nicht einmal mehr ausschließen wollen, dass eines Tages analog der UMTS-Frequenzen-Versteigerung die bisherigen »Commons« (Allgemeingüter) Sonne und Luft von den hochverschuldeten Staaten der Welt zu ihrem Eigentum erklärt werden, um sie anschließend an ein Gläubigerkonsortium zu verkaufen. Worin dieses dann seine Einnahmen aus elektronisch erfasster Sonnen- und Luftmaut wiederum anlegen könnte, dazu reicht derzeit die Phantasie nicht aus. Für die heutige Ökonomie sind solche Gedankenspiele und die damit verbundenen Trillionensummen keinesfalls mehr phantastisch. Gleichwohl sind sie Phantome. Denn welche realen Werte stecken überhaupt noch hinter den ökonomischen Summen von Schulden und Vermögen? In welcher Form kann ein Vermögen von einer Milliarde Euro realisiert werden? So viele Jachten und Ferienhäuser sind gar nicht unterzubringen, geschweige denn zeitlich zu nutzen. Solche Beträge sind in keiner Weise zu etwas anderem nutzbar als zur Stärkung von Macht und Einfluss. Und tatsächlich bekommt man nach der Lektüre damit befasster Schriften den Eindruck, die Ökonomie und speziell die Finanzökonomie seien ein einziger Klüngel eines »Who's who in Politik und Hochfinanz«, der mit gerade einmal 0,1 Prozent der Bevölkerung die »Kapitalmacht der Gegenwart« innehat und zentral von Goldman Sachs gesteuert wird.[46] Und was bedeuten die Hunderte von Millionen an Forderungen, die die starken Euroländer an Griechenland haben? Sollen dafür in den nächsten Jahrzehnten ganze Völkerwanderungen zum Urlaub gen Hellas aufbrechen, nur um damit die übrige Touristikindustrie Europas in den Bankrott zu treiben? Auch »zahlen« wir keinen Cent bei einem Schuldenerlass, wie uns halbwissende Politiker und Journalisten weismachen wollen; wir erhalten nur keine Euro zurück, die wir aber ohnehin nicht real nutzen würden. Der Schaden liegt schon längst zurück und kann nicht mehr behoben werden: Wir haben in unserem auf Exportüberschüsse fixierten Denken mehr für die Schuldnerländer produziert, als wir von ihnen erhalten haben. Solch einen Saldo mag man allenfalls in gewissem Rahmen als Reserve für spätere Gegenleistungen, etwa sonnige Rentnerparadiese in der Ägäis oder in Florida, aufsparen wollen und können.

Aber auch innerhalb des eigenen Landes geraten Vermögen und Schulden immer stärker in eine Phantomspirale. Die ungleiche Einkommensverteilung und zusätzlich die eingangs aufgedeckte »heimliche« Umverteilung von täglich rund einer halben Milliarde Euro von den unteren 80 Prozent der Haushalte an die oberen 20 Prozent erzeugen auf dem Papier ein Vermögen, das zunehmend auf uneinlösbaren Schuldforderungen besteht. Nicht nur sind mehr als drei Millionen private Haushalte überschuldet, sondern zusätzlich verschulden sich auch die öffentlichen Haushalte stellvertretend für diese. Denn nichts anderes liegt vor, wenn der Staat für das Jahr 2013 alleine 120 Milliarden Euro an die Renten- und Arbeitslosenversicherung dazuschießen und 60 Milliarden Euro Zinsen für seine bestehenden Schulden, insgesamt also ziemlich genau die 215 Milliarden Euro heimlicher Umverteilung von unten nach oben, zahlen muss. Dergestalt kumulieren sich bei den Gläubigern aus der oberen 20-Prozent-Gruppe die Forderungen an private und öffentliche Schuldner zu einem immer höheren Berg, doch ohne Aussicht auf einen Stopp der Spirale von steigenden Vermögen aus immer weiter anwachsenden Schulden. Sollte der gesetzlich verankerte Schuldenstopp aber tatsächlich durch weitere Kürzungen der staatlichen Ausgaben und Sozialtransfers bis hin zu einer endgültigen Demoralisierung der Ärmsten und einem Ausquetschen der Mittelschicht (»squeezed middle class« war das Wort des Jahres 2011 in Großbritannien) exekutiert werden, würde das die Binnennachfrage noch weiter verringern und den Exportdruck entsprechend steigern. Die Folgen kennen wir, nur werden sie noch dramatischer sein:

- Wir exportieren nicht nur Waren, sondern auch Arbeitslosigkeit in die importierenden Länder. Die 50-Prozent-Quote für junge Menschen in den südeuropäischen Ländern ist schon heute ein Fanal für die drohende Destabilisierung dieser Länder. Umgekehrt müssen wir uns stets darüber im Klaren sein, dass die relativ gute Wirtschaftslage Deutschlands auf einem historischen Ausnahmezustand balanciert, nämlich dem gewaltigen Exportüberschuss von rund 150 Milliarden Euro jährlich oder rund sieben Prozent seiner Wirtschaftsleistung. Schematisch gerechnet würde sich also die heimische Arbeitslosigkeit auf etwa 14 Prozent verdoppeln, bewegte sich der Außenhandel auf den Normalzustand des Ausgleichs zu.
- Die globale Wirtschaftswelt steuert immer näher auf einen »peak misbalance« zu, bei dem die auf Höchstlast getrimm-

ten Exportnationen sich selbst erschöpfen und die Nettoimporteure ihre Grenzen schließen, um ihrer Bevölkerung Arbeit und Entwicklungschancen zu ermöglichen. Die internen ökologischen und gesellschaftlichen Probleme Chinas auf der einen Seite und auf der anderen die darniederliegende Wirtschaft Griechenlands, das fröhlich von kreditierten Importen lebte, lassen den alle Seiten treffenden Schaden andauernder Handelsungleichgewichte erahnen.

- Ulrike Herrmann lenkte in ihrem Kommentar »Die Blasen der anderen« in der *taz* vom 4.12.2012 den Blick auf einen bislang nicht beachteten Aspekt: Wenn die Überschüsse aus den Exporten nicht mehr für eine Kreditvergabe an die öffentlichen Haushalte verwendet werden können, verbleibt ein noch größerer Teil in der globalen Finanzsphäre und befeuert ihre erratischen Ausschläge und Krisen bis zum nächsten Zusammenbruch und dem Verlust nicht nur von Börsen- und anderer virtueller Vermögenswerten, sondern auch gesellschaftlicher und ökologischer Substanz.

Cui bono?, würde hier der Römer fragen – zu wessen Nutzen wird eine solche pervertierte Ökonomie weiter praktiziert? Von ihr hat niemand etwas, am allerwenigsten die eigentlich Leistenden der Gesellschaft, die von Unsicherheit und Belastung bedrängten Arbeitnehmerinnen und Arbeitnehmer, die persönlichen Unternehmerinnen und Unternehmer in einem gnadenlosen Wettbewerb, erst recht nicht die Heranwachsenden, die in Südeuropa ohne Perspektive sind, die Älteren, die der Gnade der Politik ausgeliefert sind, die Länder der Dritten Welt, deren Bevölkerung entweder für Hungerlöhne schuftet oder denen das Anlage suchende Kapital ihr gutes Land weggrabscht. Absurderweise aber verlieren auch die scheinbaren Profiteure dieses Systems. Ihre Vermögen schwirren umso mehr davon, je grandioser und globaler die Ökonomie sie zu brand- und klimagefährlichen Monstern, Mustern ohne sicheren Wert oder Forderungsphantomen aus nie mehr begleichbaren Schulden aufbläht. Was würde es also kosten, diese Schulden einfach zu vergessen und zu streichen? Nichts. Sehr viel weniger jedenfalls, als diese Ökonomie weiter laufen zu lassen und auf der Jagd nach Phantomen die Flur von Natur und Gesellschaft vollends zu zertrampeln.

Um dies zu verhindern, muss der bisher ungebändigte Wachstumsdruck des Kapitals gemindert und umgeleitet werden. Das bedeutet nichts weniger, als das Kapital zurückzuschneiden und seine neuen Austriebe so weit abzuschöpfen, dass dessen Wachstum verträglich mit Wirtschaft, Natur und Gesellschaft ist. Denn was hilft uns ein maßvoller, genügsamer, Natur und Klima schonender Lebensstil, wenn das Kapital in seinem maßlosen Wachstumsdrang mangels Konsum den Boden unter uns, die Luft um uns und die Sonne über uns wegkauft?

Übersetzt in pragmatische Politik heißt das:

1. Der Tritt auf die grundgesetzlich festgeschraubte Schuldenbremse droht am anderen Ende die Schleusen für einen weiteren Privatisierungsschub zu öffnen, wenn sich den öffentlichen Haushalten keine zusätzlichen oder alternativen Finanzierungen anbieten und sie nicht die materielle und immaterielle Infrastruktur weiter verkommen lassen wollen. So wie in historischen Zeiten das Privateigentum Schutz vor autoritären Regierungen bot, braucht jetzt das Gemeineigentum gleichgewichtigen Schutz vor einer Kapitalisierung und eine ebenfalls grundgesetzlich gesicherte Garantie. Das forderte Ugo Mattel in seinem Beitrag »Privatisierung ist Diebstahl an der Öffentlichkeit. Das Gemeineigentum braucht Verfassungsrang«.[47]

2. »Umfairteilen« im Sinne der gleichnamigen Kampagne. Insbesondere große Finanzvermögen, die nicht aus produkti-

ven Sachanlagen, sondern aus Kreditforderungen bestehen, sind zugunsten eines Schuldenschnitts bei privaten und öffentlichen Schuldnern heranzuziehen. Island hat vorgeführt, dass ein solches Vorgehen der Wirtschaft und Gesellschaft eines Landes nicht schadet, sondern im Gegenteil nachhaltig dient. Es rettete nicht die Banken, sondern erließ den privaten Hausbesitzern ihre aufgeblähten Hypothekenschulden. Deshalb gab es auch keine Einschnitte im Sozialstaat, und die heimische Wirtschaft wurde gestärkt.

3. Grundsätzlich ist die Einkommensbesteuerung der beste Hebel, um die zins- und gewinnbedingte Umverteilung von unten nach oben auszugleichen. Hohe, an skandinavische Werte heranreichende Grenzsteuersätze würden dort ansetzen, wo hohe Einkommen nicht mehr realen Bedürfnissen – und seien sie von noch so luxuriösem Charakter – dienen, sondern nur noch von der Sucht nach der großen Zahl und des relativen Standing getrieben sind. Selbstredend aber müssen Einkommensteuern zumindest auf europäischer Ebene harmonisiert werden, um einen unseligen Standortwettbewerb zu vermeiden.

4. Höhere Steuereinnahmen können zudem auch unternehmerische Aktivitäten und Innovationen dadurch voranbringen, dass Verluste in wesentlich weiterem Umfang als derzeit aus vorangegangenen Gewinnsteuern ausgeglichen werden können. Zur Förderung und Absicherung von Existenz- und Unternehmensgründungen kann man sich darüber hinaus einen aus Einkommensteuern finanzierten Fonds vorstellen.

5. Der gesamtwirtschaftlich widersinnigen Einordnung von Arbeit als Kosten ist dadurch abzuhelfen, dass Wertschöpfung aus Arbeit wesentlich niedriger besteuert wird als solche aus Kapital. So sollten Unternehmen einerseits Lohnzahlungen steuerlich mit einem hohen Gewichtungsfaktor

geltend machen können, und andererseits eine spezielle Maschinensteuer entrichten müssen. Diese würde die Rentenbeiträge ersetzen, die durch Rationalisierung und das damit verbundene Ausschalten von Menschen entfielen.

6. Der Umverteilung von unten nach oben ist auch mittels einer gegengerichteten Umverteilung der Mehrwertsteuersätze zu begegnen. In dem Maße, in dem die Mehrwertsteuer auf Luxuswaren Mehreinnahmen zeitigt, kann die Mehrwertsteuer auf Arbeitsleistungen und die Dinge des täglichen und einfachen Bedarfs wesentlich gesenkt werden.

7. Ein großes Anliegen der Gesellschaft ist die Sicherung ihrer Einkommen im Alter. Außer einem lebenslangen Wohnrecht in der eigenen Immobilie kann man nicht für die Bedürfnisse des dritten Lebensabschnitts vorsparen, nicht einmal Konservendosen halten so lange. Wenn wir aber weiterhin die Pensionsfonds, Lebensversicherungen und sonstige Riesterhaie mit unseren Ersparnissen füttern, mästen wir zunächst nur wieder das nach Rendite lechzende Kapital, das nichts für die Zukunft versprechen kann als nominelle Zinssätze und ein weiteres Aufblähen der monetären Ökonomie.

Schaffen wir vielmehr real eine Welt, in der Kinder gerne leben, in der lokal wie global Reich und Arm nicht dermaßen auseinanderklaffen, dass sie nur noch Sicherheitszäune miteinander verbinden, und in der mit der Natur auch alle Menschen zu ihrem Lebensrecht kommen. Nur eine solche nachhaltige Welt kann uns eine ziemliche Gewissheit geben, dass es uns auch später in allen Belangen gut geht. Eine Einbindung aller Einkommen in das Rentensystem der Gegenseitigkeit bremst den Zuwachs an anonymem privaten Kapital, aber bietet den finanziellen Spielraum für eine solche, Jung und Alt bekömmliche Welt. Was heute als »private Altersvorsorge« deklariert wird, tatsächlich aber häufig nichts als intransparente Finanzanlagen darstellt, wären dann kommunale, genossenschaftliche oder bürgerschaftliche Investments in Pflege, Gesundheit, Energie und regionaler Nahrung, aus denen reale Anrechte statt nur virtueller Zinssätze abgeleitet werden können. Auch in diesem Zusammenhang weise ich noch einmal auf das skandinavische Modell der kommunalen Einkommensteuern hin, das eine weitaus größere Bandbreite und Flexibilität für entsprechende Ansätze ermöglicht als bundesstaatliche Regelungen.

Diese Aufzählung ist selbstverständlich weder vollständig noch erhebt sie in irgendeiner Weise den Anspruch auf Perfektion, doch soll sie signalisieren, dass wir in keinerlei Weise untätig und hilflos zuschauen und über uns ergehen lassen müssen, wie das verselbständigte System der Ökonomie uns Menschen einquetscht und letztlich überflüssig macht.

Fazit

An der Ökonomie ist uns unbegreiflich, weshalb sie uns trotz jahrzehntelangen Fleißes, Friedens und technischen Fortschritts immer mehr bedrängt, statt uns gemäß der Lehre und der Versprechungen von Politikern, Journalisten und Wirtschaftswissenschaftlern ein auskömmliches Leben zu bereiten. Gemäß ihrer Leitlinien wird der Spitzensteuersatz von 56 Prozent auf 45 Prozent gesenkt, weil Steuern doch Gift für die Konjunktur und das Wachstum seien, weil sie angeblich Arbeitsplätze kosten und die Investoren vertreiben. Und wir akzeptieren selbstverständlich längere, wechselnde und härtere Arbeit, um im globalen Wettbewerb nicht nach hinten zu fallen. Tatsächlich stieg die Wirtschaftsleistung – gemessen als Bruttoinlandsprodukt – trotz aufeinanderfolgender Krisenjahre weiter an und steht Deutschland in Europa auf einem der Spitzenplätze.

Doch: Dass diese uns mit der »Standortpolitik« verordneten Rezepte Vermögen und Einkommen immer weiter auseinandertreiben, die Basis einer stabilen Mittelschicht eindampfen, die Reallöhne und das Rentenniveau senken und damit das für eine Gesellschaft so wichtige Vertrauen in die persönliche Zukunft vertreiben – war das den Therapeuten bewusst? Mittelfristig noch bedrohlicher: Über dieser unbestreitbar guten Position der deutschen Ökonomie schwebt das Damoklesschwert der Exportabhängigkeit. Wehe dem verdient erfolgreichen Maschinenbau, wenn das starke Wachstum in Asien nachlässt, und wehe den attraktiven deutschen Automobilen, wenn Umwelt, Ressourcen und Bewusstseinswandel diese zu Dinosauriern der Mobilität umdeklarieren. Spätestens aber die Finanzkrise, in der alle unsere realen Leistungen, vom Brötchen zu 33 Cent bis hin zu Offshore-Windanlagen für mehrere Milliarden Euro, zu wertlosen Nichtigkeiten zusammenzuschmelzen scheinen, wenn wir sie vor den Tausendmilliardenbergen von Bankbilanzen, Euro-Rettungsschirmen und US-Schulden sehen, lässt uns schaudern.

Wohin treibt diese Ökonomie, wer beherrscht sie überhaupt noch, was wird sie mit uns noch alles machen, kann man sie jemals wieder in den Griff bekommen? Sind es »die Märkte«, die anonym und unfassbar über unser Wohl und Wehe bestimmen? Hat sich nicht die Ökonomie wie Goethes Zauberbesen von einem Diener der Menschen, der ihnen so wundersam Wohlstand und Fortschritt brachte, in eine besinnungs- und ziellos herumrasende Furie verwandelt? Zwar gibt es genügend Gegenbeispiele solide wirtschaftender Unternehmerinnen und Unternehmer, um diese Frage nicht pauschal zu bejahen, doch macht uns die Entwicklung Sorge. Wann geraten auch diese in diesen Sog ökonomischer Turbulenzen und Tsunamis?

Die Ökonomie in ihrer heutigen hegemonialen Gewalt firmiert als etwas, wovon sie sich längst verabschiedet hat, nämlich als Wirtschaft. Hierunter verstehen wir das große Feld, auf dem Menschen für sich und im Betrieb – vom einzelnen Haushalt bis zum internationalen Konzern – tätig sind, um eigene Bedürfnisse und die anderer Menschen zu erfüllen. Dieses tätige (!) Wirtschaften rührt aber nicht nur aus purer Notwendigkeit, sondern gleichermaßen aus dem Wunsch, kreativ und produktiv zu sein, dem eigenen Leben einen Sinn zu geben und es mit anderen zu teilen. Doch die Ökonomie – das System, dem die großen Kapitalgesellschaften unterliegen und das mehr und mehr auch auf Personengesellschaften, den Staat und unser alltägliches Leben einwirkt und es vereinnahmt – hat nur ein *einziges* Ziel, nämlich nichts als den privaten Reichtum zu vermehren. Die Mittel dazu sind nicht mehr Gewalt und nicht Diebstahl, sondern Erwerb, Herstellung und Verkauf von Leistungen gegen Geld. Dieses hat zweifellos mit Wirtschaften zu tun und kann damit sogar deckungsgleich sein, wie es zum Beispiel in Aufbauzeiten der Fall ist, wenn ein großer Güterbedarf besteht und jeder Mensch wertgeschätzt wird und sich wert schätzt, an der Überwindung der Not mitzuarbeiten. Unbarmherzig aber verfolgt die Ökonomie ihren eigentlichen Zweck der Vermögensmehrung, auch wenn ihre Mittel nicht oder nicht mehr dem Wunsch der Menschen nach einer sinnvollen Form der Bedürfnisbefriedigung und Existenzsicherung entsprechen oder ihm sogar zuwiderlaufen. Dies ist aber dann der Fall, wenn nur um der Reichtumsmehrung willen unnütze oder gar schädliche Güter unter menschen- und naturunwürdigen Bedingungen produziert werden.

Dies ahnte der tief der Moral verpflichtete Adam Smith nicht, der das persönliche Reichtumsstreben als unschuldiges Mittel zur allgemeinen Wohlfahrtssteigerung sah. Aber schon fünfzig Jahre später warf ihm Friedrich List vor, dass er, »nur die Individualitäten und den Produktionsprozess ins Auge fassend, überall ... die Nationalzustände, die Nationalkräfte, die Politik ignoriert« und nur »den Reichtum, nicht (aber) die Kraft, welche den Reichtum hervorbringt und beschützt«, zum Ziel menschlichen Handelns erhebt.[48] Diese Kraft, die allen Menschen und den nachfolgenden Generationen ein gutes Leben ermöglichen soll, nennen wir heute Nachhaltigkeit, symbolisch greifbar als der Humus im Boden (den die unter ökonomischem Preisdruck leidende Landwirtschaft drauf und dran ist, völlig auszulaugen). Genau sie wird aber von der Ökonomie missachtet, wenn sie die Gesellschaft in viele Arme und wenige Reiche auseinandertreibt, die Politik bestimmt und mit der Natur so umgeht, wie es Lothar Mayer beschreibt. Für ihn ist die Ökonomie ein

»parasitäres System, das Jahrtausende alte Küstenwälder in sich hineinfrisst und sie als Sperrholzplatten und Hackschnitzel wieder ausspuckt; das mit den Radargeräten auch die letzten Fischschwärme aufspürt und sie zu Hühnerfutter zermahlt; das tropische Berghänge entwaldet und ihre dünne Erdkrume ins Meer spülen lässt, um vier oder fünf Bananenernten in die Supermärkte Europas zu schicken; das den Bewohnern des Niger-Deltas und den Ureinwohnern des Regenwaldes in Venezuela ihren Boden und ihre Flüsse mit Öl verseucht, damit sich Hunderte von Millionen Autos und Lastwagen in Europa über verstopfte Straßen wälzen können.«[49]

Die Nachhaltigkeit – sie schafft der Markt nicht von alleine, dieser ominöse freie Markt, den die Ökonomen wie ein wundersames Wesen verehren und von ihm sie alles Segensreiche erwarten. Sicher regelt er besser als jede Planung das momentane Zusammenwirken etwa gleich starker Teilnehmer, wie es jeder Basar tagtäglich zeigt. Doch weder vermag er das Zerbrechen eines stabilisierenden Gleichgewichts der Kräfte zu verhindern, vielmehr verstärkt er solche Prozesse, wie die Krisen auf den doch so ungehinderten Finanzmärkten zeigen, noch zukünftige Chancen und Gefahren zu beachten.

Welches ist hierzulande die Folge der jahrzehntelangen Effizienzsteigerungen, Kostensenkungen und marktgerechten Flexibilisierungen hinsichtlich der Arbeitszeit und der Arbeitsstellen? Zwar das beste Ranking unter allen schwächelnden Industrienationen, aber gleichzeitig wegen der beruflichen Belastungen und Unsicherheiten der Verlust von Nachhaltigkeit in ihrer unmittelbaren Bedeutung, nämlich mit die niedrigste Geburtenrate aller Industrieländer. Da mag sich eine Lobbygruppe gerne Initiative Neue Soziale Marktwirtschaft und mögen sich die parteiinternen ökonomischen Interessen »Wirtschaftsflügel« nennen – doch was sie wirklich antreibt, ist nicht das für uns Bürger sinnhafte Wirtschaften, sondern was § 15 des Einkommensteuergesetzes als unbedingtes Merkmal jeden Gewerbebetriebes definiert und was jeder BWL-Student im ersten Semester als oberstes Unternehmensziel lernt: die Erzielung beziehungsweise Maximierung einer virtuellen Rechengröße, nämlich des Gewinns, der Zunahme des Vermögens. Und auf nichts anderes als auf diese Rechengröße konzentriert sich die Ökonomie. Ganze Heerscharen von Wirtschaftsprüfern und Bankern basteln an immer neuen Konzepten, Vermögen und Gewinn von Unternehmen und die Rendite von Finanzinvestitionen peinlichst genau zu berechnen, frustrierte Buchhalter müssen sie jedes Quartal umsetzen – und dann wirft eine Lehman-Pleite oder eine stockende Rückzahlung von Staatsschulden alle schönen Zahlen, an denen man sich berauschte, über den Haufen. Aber statt die Gesetze der Kybernetik zu erkennen, dass ein global und simultan vernetztes System, das um der Gewinne willen alle Puffer – geographische, zeitliche, regulatorische und gesellschaftliche – bewusst entfernt, unstabil und schwirrend werden muss, werden die längst überholten ökonomischen Instrumente mit umso größerer Wucht eingesetzt, je verfahrener die Ökonomie wird. So lautet das Mantra der unirritierbaren (Wirtschafts-)Liberalen gegen Wirtschaftskrisen »Mehr Wachstum, mehr Markt, noch immer zu viel Regulierung«. Während die Banken sich plötzlich eines rettenden Staates erinnern, wenden sich diese Marktgläubigen vehement gegen jegliche Beschränkung einer Lohnspirale nach unten. Zum Schluss wird die Geldbüchse der Pandora geöffnet, werden in einem Akt letzter Verzweiflung alle Maßstäbe einer soliden und kontrollierbaren Finanzpolitik über Bord geworfen und wird inständig gebetet, dass die Billionen nicht womöglich unter sich begraben, was sie eigentlich retten sollen, nämlich die Ökonomie der Vermögensmehrung.

Fassen wir zusammen: Der sture Blick auf die Vermögensmehrung beziehungsweise die Gewinne und Renditen

- ist das Credo der modernen Ökonomie,
- treibt Produktion und verkaufsfördernde Innovation an, nicht aber die geistige, gesellschaftliche und materielle Infrastruktur,
- sucht die billigsten (menschlichen, natürlichen und gesellschaftlichen) Rohstoffe,
- befürchtet Zinsen treibenden Zeitverlust und eliminiert damit die Gegenwart,
- beseitigt Kosten verursachende, aber Leben erhaltende Puffer und unrentable, aber Leben spendende Vielfalt,
- beraubt die Menschen der Arbeit und propagiert als Ausgleich ein Mengenwachstum,
- will aber tatsächlich dem durch Gewinne ständig wachsenden und stets renditehungrigen Kapital immer mehr »Futter« durch Produktionssteigerungen, Privatisierung und neue ökonomische Güter (Medien, Kommunikation, Gentechnik und Finanz»produkte«) zuführen,
- usurpiert auf dieser Suche nach weiteren Anlagen immer neue gesellschaftliche Felder und macht sie »marktkonform«, also kapitalverwertbar (Gesundheit, Altersversorgung, Bildung, Infrastruktur),
- steuert somit Nutzung und Verbrauch materieller, menschlicher und gesellschaftlicher Ressourcen in immer geringerem Maße gemäß den Bedürfnissen der Menschen, sondern der einer zunehmend nur noch virtuellen Vermögenmehrung,
- ist vergleichbar einem Ofenfeuer, das anfänglich Bequemlichkeit verschafft, dem wir aber immer neuen und immer mehr Brennstoff zuführen müssen, bis es unser ganzes Haus aufgebraucht hat,

- kann letztlich auch ohne uns Menschen funktionieren, denn Produktion, Nachfrage und Verbrauch können genauso gut automatisch, mit Robotern, ja sogar per Simulation erfolgen, ebenso wie schon heute Vermögen und Gewinn virtuelle Größen sind,
- hat sich mit lauter Kosten-, Nutzen- und Effizienzüberlegungen in unser Denken und Handeln eingenistet und verdrängt nicht-ökonomische Werte wie Würde, Wohlbefinden und Sinnstiftung,
- zieht über die Wohnungskosten und die Käufe von Autos und anderen kapitalintensiv produzierten Gütern unbemerkt täglich mehr als eine halbe Milliarde Euro aus dem Portemonnaie der unteren 70 Prozent der Haushalte in das der oberen 20 Prozent, während diese ihren verschwindenden Anteil am Sozialtransfer politisch erfolgreich als neidbedingte Umverteilung von oben nach unten beklagen,
- gönnt nichts dem anderen, der Gemeinschaft und der Zukunft,
- lässt den Markt unsere Zukunft auswürfeln,
- erzwang auf ihrer Jagd nach immer weiteren Renditequellen und auf die letzten Kostensenken die geographisch, zeitlich und regulatorisch grenzenlos vernetzte Globalisierung.

In deren Folge wird nicht nur die besonders flüchtige Finanz»industrie«, sondern das ökonomische System im Ganzen ein Knäuel gegenseitiger und sich rückbezüglich verstärkender wie auslöschender Aktivitäten und Reaktionen, die unvorhersehbar und auch unter Einsatz von Billionenbeträgen unkontrollierbar sind. Damit werden die ökonomischen Vermögen jeglicher Sicherheit hinsichtlich ihrer zukünftigen Erträge beraubt und erweist sich die Ökonomie der Ertrag bringenden Vermögen letztlich als ein absurdes Theater, das zunächst Vermögen und realen Wohlstand schafft, in seiner grenzenlosen Gier nach immer mehr jedoch zu einem globalen »Roten Riesen« anwächst, um anschließend zu einem »Schwarzen Loch« in sich zusammenzufallen.

Einen solchen Zusammenbruch der Ökonomie sollte sich jedoch angesichts der unübersehbaren Folgen für die reale Wirtschaft und der durchaus fruchtbaren Wirkungen einer vernünftig gehandhabten Ökonomie niemand wünschen. Angesagt ist vielmehr die Suche nach einem optimalen Maß der Ökonomie, so dass diese mit dem menschengemäßen Wirtschaften (wieder) eine verträgliche Symbiose eingeht. Ein solches Maß quantitativ bestimmen zu wollen, wäre freilich ebenso vermessen, wie es der praktizierte Anspruch ist, mit monetären Größen den Wert einzelner Vermögen wie der volkswirtschaftlichen Leistung und Wohlfahrt darstellen zu können. Wichtig aber wäre, Richtung und Instrumente einer Korrektur zu bestimmen, die an den schlimmsten Auswüchsen der Ökonomie ansetzt und sie wieder steuer-, kontrollier- und den Menschen dienstbar macht. So wie die linear strukturierte Newton'sche Physik des mehr Input = mehr Output zwar über zwei Jahrhunderte ihre Gültigkeit bewahrte, doch sich in den heute möglichen und erkennbaren Grenzbereichen als obsolet erwiesen hat, trifft offensichtlich die ebenso alte Bedienungsanleitung der Ökonomie nicht mehr zu, und es wäre mehr als fahrlässig, sie weiterhin mit dem Wissen und der Erfahrung von gestern zu steuern. Ohne bereits Regeln einer besseren Ökonomie definieren zu können, müssen wir heute dort bremsen, wo sie nichts als schadet, und dort eine Wirtschaft befördern, die eindeutig menschen- und naturgemäß ist, wo die Früchte auch von denen geerntet werden, die sie mit Mühen und Geschick gesät, herangezogen und gepflegt haben, und die von den »fructus«, den Gewinnen, auch denen abgibt, die sie schlicht benötigen.

Geschätzte Leserin, geschätzter Leser, mehrfach habe ich auf Friedrich List verwiesen. Mit seinen 1840 erstmals erschienenen und 1841 ausführlich dargestellten Gedanken, heute als »Theorie der produktiven Kräfte« bezeichnet, sehe ich ihn als ersten Verfechter einer umfassenden Nachhaltigkeit. Er stellte schon damals das nachhaltige Gedeihen einer Gesellschaft über das kurzfristige Reichtumsstreben. Erlauben Sie mir zum Schluss ein Zitat aus seiner frühen Schrift, das heute noch aktuell ist und von dessen Weitsichtigkeit und Menschlichkeit die heutigen marktliberalen Ökonomen tunlichst etwas übernehmen sollten:

»Gedenkbar ist ferner, dass der Assoziationsgeist bei den zivilisierten Nationen immer größere Fortschritte macht, dass der Gedanke, die Arbeiter als Aktionäre bei den großen Fabrikanstalten zu beteiligen und ihnen dadurch Wohlstand für das ganze Leben und einen gewissen Grad von Interdependenz zu sichern, mehr und mehr realisiert werden dürfte. Gedenkbar ist ferner endlich, dass die verschiedenen Nationen sich über gewisse Anordnungen und Einrichtungen, zum Beispiel hinsichtlich der Verwendung der Kinder zur Arbeit, der Arbeitsstunden, der Versorgung kranker Arbeiter und so weiter, verständigen und damit die Rücksicht auf Konkurrenz im auswärtigen Manufakturmarkt, wodurch bisher dergleichen Verbesserungsvorschläge paralysiert wurden, wirkungslos machen.«[50]

Zum mehr vergnüglichem als anstrengendem Nacharbeiten der Materie empfehle ich Ihnen die locker gestaltete Einführung in die Ökonomie mit dem Wirtschaftskabarettisten und gelernten Betriebswirt Hans Gerzlich *Geld für alle!*. Der Einschätzung seines bekannten Kollegen Dieter Nuhr kann ich nur beipflichten:»Wenn Sie wissen wollen, wie Remoulade, Volkswirtschaft und Mensch zusammenhängen, sollten Sie in dieses Buch einmal reinschauen. Wenn nicht, auch.« Wenn in Ihnen dann ein andauerndes Interesse an dem Spannungsfeld von Ökonomie und Wirtschaften geweckt worden sein sollte, schauen Sie doch mal öfter auf die *Nachdenkseiten* (www.nachdenkseiten.de) oder hören Sie am Sonntagnachmittag in die

»Zwischentöne« des Deutschlandfunks, wo häufig Interviews zu diesem Thema zu hören sind. Und wer daran zweifelt, dass ein langsames Umsteuern der Ökonomie möglich ist, sagt mit dem bekannten Journalisten Peter Zudeick *Tschüss, ihr da oben* und lässt sich von ihm »vom baldigen Ende des Kapitalismus« erzählen.

Dank

Von Beginn an war mir Helen Brand, Studierende im Master-studiengang für nachhaltige Ökonomie und Management an der Universität Oldenburg, eine stete Gesprächspartnerin und kritische Leserin meiner Texte. Ihr danke ich an erster Stelle.

Sandra Li Mannel Saavedra ist Bühnenbildnerin, hat den ihr fachfremden Text mit großem Interesse gelesen und dergestalt illustriert, dass damit das Verständnis erleichtert und die Lektüre teilweise unvermeidlich trockener Sachverhalte etwas versüßt wird.

Henning Osmers, mein Mitautor des Buches *Zukunft kann man nicht kaufen*, konnte als junger Familienvater neben seinem Beruf und Doktorat dieses Mal nicht mitwirken. Doch ich hoffe, dass ich von ihm etwas gelernt habe, Texte anschaulich und verständlich zu machen.

Dieser Aufgabe musste sich der Lektor, Klaus Gabbert, aber doch noch in erheblichem Umfang stellen. Ich bin ihm dankbar, dass sein scharfer Blick und seine große Sachkenntnis das Buch reifen ließen.

Wenn es eine Person gibt, die sich mit weitem Herzen und größter Kraft der Aufgabe widmet, alle Kräfte zu finden, zu bündeln und zusammenzuführen, die sich einer menschlichen Wirtschaft verbunden fühlen, dann ist es Udo Blum mit dem von ihm gegründeten und geführten »Berliner Innovationskreis«.

Und ohne den Verleger Markus J. Karsten wäre dieses Buch gar nicht erst entstanden; er sprach mich darauf an, die vermeintlich trockene Materie den Menschen nahe zu bringen. Ich hoffe, seine Erwartung hiermit erfüllt zu haben.

Anmerkungen

1 Neben den Shareholdern als Anteilseigner am Kapital kennen die Wirtschaftswissenschaften den Begriff der Stakeholder, denen ein faktischer Anteil (»stake«) an der Unternehmensleistung zuerkannt wird. Neben den Mitarbeitern sind dies natürlich Lieferanten wie Kunden, die für Ausbildung und Infrastruktur sorgenden staatlichen Einrichtungen und nicht zuletzt Natur (Rohstoffe) und Umwelt (Entsorgung).

2 Vgl. Thielemann, *System Error*, S. 141 ff.

3 Vgl. Dörre u.a., *Soziologie, Kapitalismus, Kritik*, ab S. 22

4 So z.B. Vogl, *Das Gespenst des Kapitals*

5 Rost, »Warum wirtschaften wir?«

6 »Alles über die INSM«, www.insm.de/insm/ueber-die-insm/FAQ.html, zuletzt aufgerufen am 14.3.2013

7 »Initiative Neue Soziale Marktwirtschaft«, www.iwkoeln.de/de/institut/projekte/beitrag/initiative-neue-soziale-marktwirtschaft-19917, zuletzt aufgerufen am 14.3.2013

8 Vor David Graeber haben schon Gunnar Heinsohn und Otto Steiger in *Eigentum, Zins und Geld* auf entsprechende Verpflichtungsdokumente aus dem antiken Griechenland verwiesen.

9 Siehe dazu Weeber, *Hellas sei Dank*

10 Vgl. Million, »Frederick Soddy und die Physik des Schuldenmachens«

11 Vgl. dazu Suhr, *Auf Arbeitslosigkeit programmierte Wirtschaft*

12 Der bundesweite Durchschnitt der vergangenen zehn Jahre beträgt 25 Prozent p.a. nach Steuern, so das Institut der deutschen Wirtschaft 2012. Dieser Wert enthält allerdings auch zu 23 Prozent den sogenannten Unternehmerlohn, quasi die Gehaltskosten der persönlich mitwirkenden Gesellschafter. Die reine, leistungslose Kapitalrendite nach Steuern kann so mit rund 20 Prozent p.a. angesetzt werden, was mehr als dem Ackermannschen Wert von 25 Prozent p.a. vor Steuern entspricht.

13 Vgl. Dörre u.a., *Soziologie, Kapitalismus, Kritik*, S. 22 ff.

14 Die »Zinsumverteilungs-Ermittlung« kann unter diesem Stichwort von der Internetseite www.monneta.org/index.php?id=279&kat=49 heruntergeladen werden.

15 Rechnung kann über folgenden Link heruntergeladen werden: www.westendverlag.de/westend/downloads/Berechnung.pdf

16 Hauch-Fleck, »Wer profitiert von den Schulden?«

17 Kremer, »Eine andere unsichtbare Hand des Marktes«, S. 10

18 Der Personalkostenanteil der großen Fahrzeughersteller liegt bei etwa 13

Prozent, bei den Zulieferern bei maximal 20 Prozent, die Materialkosten für Lieferanten machen etwa 60 bis 70 Prozent aus, der Rest sind unmittelbare Kapitalkosten (Abschreibungen, Gewinne und Zinsen). Rechnet man eine unendliche Kette von Vorlieferanten, verbleiben letztlich nur Personal- und Kapitalkosten, die sich mit diesen Relationen in etwa die Waage halten. Das macht bei einem jährlichen Verkaufsvolumen von rund 200 Milliarden Euro (so das Institut der deutschen Wirtschaft 2012) jeweils 100 Milliarden Euro.

19 Kremer, *Grundlagen der Ökonomie*
20 Rosa, *Beschleunigung*; Reheis, *Die Kreativität der Langsamkeit*
21 BUND/Misereor, *Zukunftsfähiges Deutschland*, Kap. 4.4
22 Deutscher Bundestag, 17. Wahlperiode, Drucksache 17/3990 vom 30.11.2010; dip21.bundestag.de/dip21/btd/17/039/1703990.pdf
23 Paech, *Nachhaltiges Wirtschaften jenseits von Innovationsorientierung und Wachstum*, und »Postwachstumsökonomie – ein Vademecum«
24 Etwas Finanzmathematik: 100 Euro zu 12 Prozent p.a. verzinst ergeben nach sechs Jahren (100 x 1,12) x 1,12 x ... x 1,12 = 100 x 1,97 ~ 200.
25 Entsprechend der Aufzinsung eines heutigen Betrags um den Faktor 2 wird nun der zukünftige Wert um diesen Faktor abgezinst.
26 Eine kompakte Übersicht der Kritik am Zinssystem findet sich z.b. bei Creutz, *Das Geld-Syndrom*, Kap. 5.
27 Vgl. dazu die Homepage der Stiftung für Reform der Geld- und Bodenordnung www.silvio-gesell.de oder auch die von Werner Onken herausgegebene Werkauswahl *Silvio Gesell*
28 Die DDR betrieb einen rollierenden Fünfjahresplan, in dessen Ablauf die Betriebe für das jeweils aktuelle Jahr ihren konkreten Sachbedarf an Maschinen und Material anmelden mussten. Nach dessen aggregierter Zusammenfassung auf Staatsebene erhielten sie die verfügbaren Ressourcen zugewiesen. Diese mussten zwar auch von den DDR-intern geführten Bankkonten bezahlt werden, doch war dieser Akt sekundär, da ohne weiteres auch Kredite gewährt wurden.
29 Vgl. Schapendonk, »Die niederländische Sicht auf die Welt im goldenen Zeitalter« und www.weltkulturerbe-online.info/niederlande/welterbe-niederlande.htm (Zugriff 2.3.2013)
30 *Zahlenbilder* 01/2011
31 *Zahlenbilder* 03/2012
32 Thielemann, *System Error*
33 List, *Über das Wesen und den Wert einer nationalen Gewerbsproduktivkraft*, S. 25
34 Senghaas, »Friedrich List«
35 List, *Über das Wesen und den Wert einer nationalen Gewerbsproduktivkraft*, S. 54
36 Ebd., S. 38
37 Ebd., S. 12
38 ThyssenKrupp Geschäftsbericht 2011/2012, z.B. unter www.thyssenkrupp.com/financial-reports in Verbindung mit der unverändert gültigen Broschüre *Wertorientiertes Management im ThyssenKrupp Konzern*, Mai 2011, www.thyssenkrupp.com/documents/investor/Wertorientiertes_Management_ThyssenKrupp_Konzern.pdf (zuletzt aufgerufen am 17.3.2013)
39 Lohnende Rechenbeispiele in: *Personalwirtschaft Extra* 07/2010, S.22 ,http://archiv.personalwirtschaft.de/wkd_pw/cms/material_pw/2010/072010_extra/pw-0710-sh.pdf (zuletzt aufgerufen am 10.3.2013)

40 Luxemburg, *Die Krise der Sozialdemokratie*, Teil 4; www.marxists.org/
   deutsch/archiv/luxemburg/1916/junius/teil4.htm
41 Paech, *Postwachstumsökonomie – ein Vademecum*, S. 29
42 Die folgende Argumentation habe ich bereits ausführlicher in meinem *taz*-
   Artikel »Euro und Drachme« entwickelt.
43 Vgl. dazu auch das Interview mit Bernard Lietaer zu seinem Vorschlag einer
   Parallelwährung Civic in Griechenland in der *taz* vom 5. Juni 2012
44 Näher beschrieben habe ich ein solches Konzept für heutige Verhältnisse in
   meinem Artikel »Regionalwährungen aus kommunaler Hand«.
45 Siehe Lietaer, *Das Geld der Zukunft*
46 Vgl. dazu in der Reihenfolge der Stichpunkte: »Das Gesicht der Märkte. Who's
   who in Politik und Hochfinanz«, in: *Die Krisenmacher*; Krysmanski, *0,1 Prozent*; Rügemer, *Ratingagenturen*; Erwin Pelzig alias Frank-Markus Barwasser
   in der ZDF-Kabarettsendung *Neues aus der Anstalt* vom 13.11.2012
47 Enthalten in: *Die Krisenmacher*
48 List, *Über das Wesen und den Wert einer nationalen Gewerbsproduktivkraft*, S.
   12 und 40
49 Mayer, *Ausstieg aus dem Crash*, S. 251
50 List, *Über das Wesen und den Wert einer nationalen Gewerbsproduktivkraft*, S. 53

Literatur

Werke, aus denen ich nicht zitiert habe, die ich aber zur Lektüre empfehle, sind durch Einzug kenntlich gemacht.

Afheldt, Horst: *Wirtschaft, die arm macht. Vom Sozialstaat zur gespaltenen Gesellschaft.* München: Kunstmann 2003 (Belegt die immer stärkere Strangulation der Arbeitseinkommen durch exponentiell steigende Kapitaleinkommen)

Brodbeck, Karl-Heinz: *Die fragwürdigen Grundlagen der Ökonomie. Eine philosophische Kritik der modernen Wirtschaftswissenschaften.* Darmstadt: Wissenschaftliche Buchgesellschaft 1998

BUND und Misereor (Hrsg.): *Zukunftsfähiges Deutschland. Ein Beitrag zu einer global nachhaltigen Entwicklung.* Basel, Boston, Berlin: Birkhäuser 1996

Creutz, Helmut: *Das Geld-Syndrom. Wege zu einer krisenfreien Marktwirtschaft.* München: Ullstein

Die Krisenmacher. Bürger, Banden und Banditen, Edition Le Monde diplomatique Nr. 12, Berlin: taz Verlag 2012

Dörre, Klaus; Lessenich, Stephan; Rosa, Hartmut: *Soziologie, Kapitalismus, Kritik. Eine Debatte.* Frankfurt am Main: Suhrkamp 2009

Douthwaite, Richard; Diefenbacher, Hans: *Jenseits der Globalisierung. Handbuch für lokales Wirtschaften.* Mainz: Matthias Grünewald 1998

Felber, Christian (2010): *Gemeinwohl-Ökonomie. Das Wirtschaftsmodell der Zukunft.* Wien: Deuticke 2010

Fleck, Dirk C.: *Das Tahiti-Projekt.* München / Zürich: Pendo 2008 (Ein spannender Roman über die Transformation des Inselstaates in ein nachhaltiges Gemeinwesen)

Gahrmann, Arno; Osmers, Henning: *Zukunft kann man nicht kaufen. Ein folgenschwerer Denkfehler in der globalen Ökonomie.* Bad Honeff: Horlemann 2004

Gahrmann, Arno: »Regionalwährungen aus kommunaler Hand«. In: *Ökologisches Wirtschaften*, Heft 4 / 2006

Gahrmann, Arno: »Euro und Drachme: Es gibt einen dritten Weg aus der Krise: Die Drachme fungiert als Binnenwährung, indessen internationale Geschäfte weiter über Euro laufen«. In: *taz*, 29.9.2011

Gerzlich, Hans: *Geld für alle! Wechseljahre einer Weltwirtschaft.* München: Goldmann 2010

Glissant, Édouard: *Traktat über die Welt.* Heidelberg: Das Wunderhorn 1999

Graeber, David: *Schulden. Die ersten 5 000 Jahre.* Stuttgart: Klett-Cotta 2012

Hauch-Fleck, Marie-Luise: »Wer profitiert von den Schulden?« In: *Die Zeit*, Nr. 21/2004, S. 24

Heinsohn, Gunnar; Steiger, Otto: *Eigentum, Zins und Geld. Ungelöste Rätsel der Wirtschaftswissenschaft.* Heidelberg: Metropolis 2002

Herrmann, Ulrike: *Hurra, wir dürfen zahlen. Der Selbstbetrug der Mittelschicht.* Frankfurt am Main: Westend 2010

Huber, Joseph: *Monetäre Modernisierung. Zur Zukunft der Geldordnung.* Marburg: Metropolis 2012

Jackson, Tim: *Wohlstand ohne Wachstum. Leben und wirtschaften in einer endlichen Welt.* München: Oekom 2011

Jensen, Annette: *Wir steigern das Bruttosozialglück. Von Menschen, die anders wirtschaften und besser leben.* Freiburg: Herder 2011

Kennedy, Margrit; Lietaer, Bernard A.: *Regionalwährungen. Neue Wege zu nachhaltigem Wohlstand.* München: Riemann 2004

Kessler, Wolfgang: *Weltbeben. Auswege aus der Globalisierungsfalle. Modelle, Perspektiven und Visionen für eine gerechte Weltwirtschaft.* Oberursel: Publik-Forum 2007

Kohr, Leopold: *Vom Ende der Großen. Zurück zum menschlichen Maß.* Salzburg / Wien: Otto Müller 2002 (Die grundsätzlichen Vorzüge dezentraler gegenüber denen großer und zentralistischer Systeme. Regte E.F. Schumacher zu seinem bekannten Werk *Small is beautiful* an)

Kremer, Jürgen: »Eine andere unsichtbare Hand des Marktes«. In: *Humane Wirtschaft* 1/2009, S. 2–12

Kremer, Jürgen: *Grundlagen der Ökonomie. Geldsysteme, Zinsen, Wachstum und die Polarisierung der Gesellschaft.* Marburg: Metropolis 2010

Krysmanski, Hans-Jürgen: *0,1 %. Das Imperium der Milliardäre*. Frankfurt am Main: Westend 2012

Kurbjuweit, Dirk: *Unser effizientes Leben. Die Diktatur der Ökonomie und ihre Folgen*. Reinbek: Rowohlt 2003

Lietaer, Bernard A.: *Das Geld der Zukunft. Über die destruktive Wirkung des existierenden Geldsystems und die Entwicklung von Komplementärwährungen*. München: Riemann 2002

List, Friedrich (1840): *Über das Wesen und den Wert einer nationalen Gewerbsproduktivkraft*. Frankfurt am Main: Klostermann 1946

Luxemburg, Rosa (1916) *Die Krise der Sozialdemokratie (»Junius«-Broschüre)*. In: *Gesammelte Werke*, Bd. 4, Berlin: Dietz 2000 (www.marxists.org/deutsch/archiv/luxemburg/1916/junius/index.htm)

Mattel, Ugo: »Privatisierung ist Diebstahl an der Öffentlichkeit. Das Gemeineigentum braucht Verfassungsrang«. In: *Die Krisenmacher* (siehe dort), S. 3

Mayer, Lothar: *Ausstieg aus dem Crash. Entwurf einer Ökonomie jenseits von Wachstum und Umweltzerstörung*. Oberursel: Publik-Forum 1999

Miegel, Meinhard: *Exit. Wohlstand ohne Wachstum*. Frankfurt am Main: Suhrkamp 2010

Million, Claude: »Frederick Soddy und die Physik des Schuldenmachens«. In: *Zeitschrift für Sozialökonomie*, 151. Folge, 2006, S. 31–36

Müller, Albrecht; Lieb, Wolfgang: *Nachdenken über Deutschland. Das kritische Jahrbuch 2010/2011*. Frankfurt am Main: Westend 2010

Onken, Werner: *Silvio Gesell: Reichtum und Armut gehören nicht in einen geordneten Staat*. Werkauswahl zum 150. Geburtstag. Kiel: Verlag für Sozialökonomie 2011

Paech, Niko: *Nachhaltiges Wirtschaften jenseits von Innovationsorientierung und Wachstum*. Marburg: Metropolis 2005

Paech, Niko: »Postwachstumsökonomie – ein Vademecum«. In: *ZfSÖ Zeitschrift für Sozialökonomie*, Heft 160/161, Juni 2009

Paech, Niko: *Befreiung vom Überfluss. Auf dem Weg in die Postwachstumsökonomie*. München: Oekom 2013

Reheis, Fritz: *Die Kreativität der Langsamkeit*. Darmstadt: Wissenschaftliche Buchgesellschaft 1996

Rosa, Hartmut; *Beschleunigung. Die Veränderung der Zeitstrukturen in der Moderne*, Frankfurt am Main: Suhrkamp 2005

Rost, Norbert (2007): »Warum wirtschaften wir?«;www.regionalentwicklung.de/regionales-wirtschaften/wirtschaft-gesellschaft/regionales-wirtschaften-als-ergaenzung-zur-globalisierung

Rügemer, Werner: *Ratingagenturen. Einblicke in die Kapitalmacht der Gegenwart*. Bielefeld: Transcript 2012

Samuelson, Paul. A.; Nordhaus, William D.: *Volkswirtschaftslehre*. Landsberg am Lech: Moderne Industrie 2005

Schapendonk, Ans (2010):»Die niederländische Sicht auf die Welt im Goldenen Zeitalter«. In: Johannes Hofmeister (Hrsg.): *Stadt, Land, Fluss. Landes-, Orts- und Reisebeschreibungen aus historischer und geographischer Perspektive*. Norderstedt: Books on Demand (www.uni-marburg.de/bis/ueber_uns/ub/sondsam/niederland/reiselitscapend.pdf)

Scheer, Hermann: *Der Energethische Imperativ. 100 Prozent jetzt: Wie der vollständige Wechsel zu erneuerbaren Energien zu realisieren ist*. München: Kunstmann 2010

Schneider, Dieter: *Betriebswirtschaftslehre. Band 4: Geschichte und Methoden der Wirtschaftswissenschaft*. München / Wien: Oldenbourg 2001

Schneider, Teresa:»Großes schwarzes Loch. Reiche bunkern mehr als 21 Billionen in Steueroasen«. In: *Publik-Forum*, Heft 15, 10.8.2012, S. 22

Seiffert, Horst: *Geldschöpfung. Die verborgene Macht der Banken*, Nauen: Seiffert 2012

Senghaas, Dieter:»Friedrich List: Binnenmarktorientierung als Basis wirtschaftlicher Entwicklung«. In: *E+Z Entwicklung und Zusammenarbeit*, Juni 1999, S. 164–168

Sikora, Joachim; Hoffmann, Günter: *Vision einer Gemeinwohl-Ökonomie – auf der Grundlage einer komplementären Zeit-Währung*. Bad Honnef: KSI 2001

Smith, Adam (1776): *Wohlstand der Nationen. Eine Untersuchung seiner Natur und seiner Ursachen*. Köln: Anaconda 2009

Suhr, Dieter:»Auf Arbeitslosigkeit programmierte Wirtschaft«. Nachdruck in: *Wachstum bis zur Krise*. Berlin: Basis 1986

Thieleman, Ulrich: *System Error. Warum der freie Markt zur Unfreiheit führt*. Frankfurt am Main: Westend 2009

Vogl, Joseph: *Das Gespenst des Kapitals*. Zürich: Diaphanes 2010

Weeber, Karl-Wilhelm: *Hellas sei Dank!* München: Siedler 2012

Wüstemann, Henry; Mann, Stefan; Müller, Klaus (Hrsg.): *Multifunktionalität. Von der Wohlfahrtsökonomie zu neuen Ufern*. München:

Oekom 2008 (Zur Komplexität wirtschaftlichen Handelns, darge-
stellt insbesondere anhand der Landwirtschaft)

Zudeick, Peter: *Tschüss, ihr da oben. Vom baldigen Ende des Kapitalismus.*
Frankfurt am Main: Westend 2009

Heiner Flassbeck, Paul Davidson, James K. Galbraith, Richard Koo, Jayati Ghosh

HANDELT JETZT!

DAS GLOBALE MANIFEST ZUR RETTUNG DER WIRTSCHAFT

WESTEND

160 Seiten

ISBN 978-3-86489-034-5

€ 17,99

WESTEND

Es muss sich etwas ändern.
Jetzt! Sofort!

Das Wort Krise suggeriert, dass es sich bei den weltweiten Verwerfungen, denen wir seit einiger Zeit ausgesetzt sind, um eine Art Naturereignis handelt, das über uns gekommen ist. Dabei ist das Versagen der politischen Klasse und der sogenannten wirtschaftlichen Eliten Schuld an der Misere, unter der weite Teile der Weltbevölkerung leiden. Gleichzeitig aber verzweifeln überall Menschen daran, dass die Politik der Finanzindustrie keinen Einhalt gebietet. Und so sorgen Banken weiterhin für eine massive Umverteilung zugunsten der Reichen.
Fünf der weltweit wichtigsten Ökonomen fordern mit ihrem Manifest eine internationale Zusammenarbeit ein, die für die Teilhabe aller Menschen am Fortschritt sorgt und die strikt am Allgemeinwohl ausgerichtet ist. Ein Weltbuch für alle, die wollen, dass sich endlich etwas ändert!

256 Seiten
ISBN 978-3-86489-036-9
€ 19.99

Vom großen Geld zum großen Alptraum

Die Bilanz von drei Jahrzehnten Finanzmarktkapitalismus
fällt katastrophal aus. Von der großen Geldparty haben nur
wenige profitiert, während die Mehrheit der Steuerzahler
die Zeche bezahlen muss. Thomas Fricke, Chefökonom der
Gruner + Jahr-Wirtschaftsmedien, fordert ein Ende dieser
hochspekulativen Finanzgeschäfte und einen Ausstieg aus dem
Bankensystem, wie wir es heute kennen.

320 Seiten
ISBN 978-3-86489-022-2
€ 21.99

Kapitalismus außer Kontrolle

Die internationalen Kapitalmärkte haben ganze Staaten ins Visier genommen und verfolgen ihre Strategien der Gewinnmaximierung mit fast kriegswissenschaftlicher Präzision. Dabei nehmen sie das Risiko in Kauf, dass sich die friedensstiftende Ordnung der Nachkriegszeit allmählich auflöst. Lässt sich diese explosive Situation wieder in den Griff bekommen? Wolfgang Hetzer klärt auf.

240 Seiten
ISBN 978-3-86489-025-3
€ 19.99

Immer schneller, immer schneller?

»Die Schnellsten werden siegen, nicht die Besten.«
Friedhelm Hengsbach zeigt, wie eine rasante Beschleunigung
alle Lebensbereiche erobert hat. »Zu wenig Zeit für Kinder, zum
Entspannen und Feiern«, darüber klagen nicht nur Hausfrauen
und Manager, sondern auch SchülerInnen und Studierende. Wie
kommt es, dass ein zusätzlicher Temposchub die Gesellschaft des
21. Jahrhunderts aufgemischt hat? Wo sind die Ursachen dafür
zu suchen? Und – ganz besonders wichtig – auf wen werden die
Folgen abgeladen?